Wie koch' ich...?

Wie koch' ich…?

Text: Sebastian Dickhaut
Fotos: Coco Lang

Für alle, die kein Ei kochen können. Für alle, die ein richtig gutes Steak braten wollen. Für alle, die noch nie von Lompemois de luxe gehört haben. Für alle, die ihr Essen selbst in die Hand nehmen. Für alle, die dazu keinen Mangoschneider brauchen. Für alle, die am liebsten in der Küche lesen. Für alle, die mit einem Kochbuch ins Café gehen. Für alle, die nicht hexen können. Für alle, die bezaubern wollen. Für alle, die viel zu gerne essen, um nicht zu kochen. Für alle, die kochen wollen.

Wissen Sie, was ein Herdeflüsterer ist? Das ist jemand, der in jeder Küche ein gutes Essen herbeizaubern kann. Wie das geht? Nun ja, ein Schatz an Rezepten hilft schon. Aber es reicht nicht. Denn da ist noch das Wissen ums Wesen des Kochens: Wie brat' ich mir ein Ei? Warum muss die Pfanne dabei erst lauwarm sein? Was, wenn ich das jetzt im Ofen mit Sahne probiere? In diesem Buch erzähle ich in gut 170 Rezepten vom Wie und Warum des Kochens – und was man damit alles anstellen kann. Es ist mein persönlicher Guide in die Welt des Schmorens und Schlemmens für Leute, die Lust aufs Kochen haben. Ob leidenschaftliche Einsteiger oder erfahrene Neugierige – egal. Hauptsache, man will Herdeflüsterer werden.

Inhalt

Pfeffer ist nicht nur scharf, sondern ein richtig gutes Gewürz. Aber nur, wenn er aus der Mühle kommt. Die darf altmodisch sein, denn dann hat sie oft ein gutes Mahlwerk. Was nicht sein muss: eine Salzmühle.

WAS BRAUCH' ICH ...?

Schüsseln, gut sortiert, sollte jeder haben – von minimal bis maximal.

Mein Lieblingsgewürz? Frische Kräuter. Denn die geben Gerichten Geschmack, ohne wuchtig zu werden – selbst als Hauptzutat wie im Pesto. Festere Blätter, robuste Stängel und ein relativ dichter Wuchs zeigen, dass sie in Ruhe gedeihen konnten und so viel Aroma haben.

Die „Küchenmaschine“ für den Handbetrieb zum Hobeln von Gurken, Raspeln von Karotten und Reiben von Parmesan. Schneller als jedes E-Werkzeug.

Die zwei Super-Basics für die deutsche, italienische, orientalische, asiatische und jede andere Küche.

Die Zwiebel auf die Schnelle: Schnittlauch. Und dazu das große scharfe Kochmesser, das jeder in seiner Küche haben sollte.

Mein Kaffee-Vollautomat.

DIE MASCHINEN

Küchengeräte, die keiner braucht:

Mikrowelle, Milchschäumer, Elektromesser, Tischstaubsauger, Brûlée-Brenner (Seite 222).

Wer wissen will, wie es in der Küche läuft, zieht am besten erst mal den Stecker raus und nimmt die Sachen selbst in die Hand. Denn zum Kochen gehört Gefühl. Und das ist schwer zu bekommen, wenn sich Geräte zwischen mich und mein Essen stellen. Verwenden wir also zunächst die Küchengeräte, die uns am nächsten sind – unsere Hände. Damit lassen sich zum Beispiel Orangen gut befühlen und abwiegen – eine Übung, um sich später eventuell bei einem Pfund Tomaten die Digitalwaage sparen zu können. Auch das Auspressen der Früchte geht gut per Hand, allerdings darf man sich da schon mit einer Zitruspresse behelfen. Mit der elektrischen? Also wer jeden Morgen 1/2 l frischen O-Saft macht, darf auch das.

„Kochen ist Arbeit, eine schönere kenn' ich nicht." Damit es auch dabei bleibt, müssen wir es uns nicht schwerer machen, als nötig. Weswegen wir den Teig ruhig mit der Küchenmaschine kneten und die Suppe mit dem Mixstab pürieren sollten, um hier gleich zwei der wichtigsten Küchengeräte zu nennen. Zu denen auch noch die Waage und der Wasserkocher gehören.

Was man so ohne Maschinen in der Küche schaffen kann: Espresso kochen, frischen Orangensaft pressen,

Gemüse reiben, Brot und Braten schneiden, Teige rühren, Sahne schlagen und sogar sein Geschirr spülen.

WILLIAMS-SONOMA
BEST

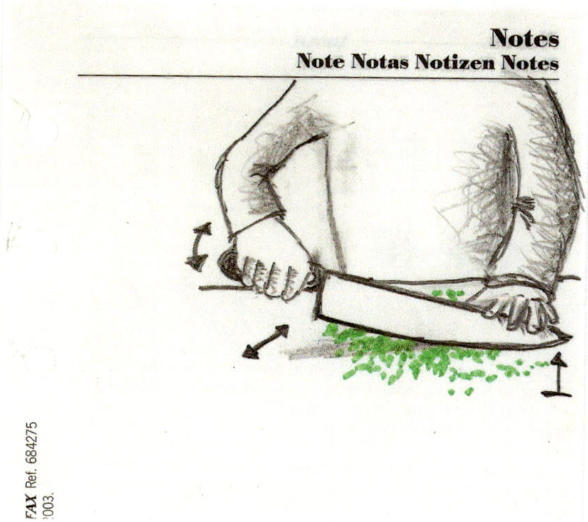

DIE WERKZEUGE

Das sind die Dinge, zu denen man jeden Tag beim Kochen greift. Die können einem ganz schön ans Herz wachsen. Hinten das große Messer liegt mit seinem geschmeidigen Holzgriff seit über 20 Jahren gut in meiner Hand. Es ist das klassische Kochmesser mit einer Klinge, lang genug, um eine ganze Hand voll Kräuter zu hacken und „hoch" genug, damit da nicht die Faust, die den Griff umschließt, aufs Brett stößt. Das Gleiche eine Nummer kleiner für Feinarbeiten und noch ein Schälmesser dazu – da braucht's keinen Messerblock mehr.

Für die Arbeit am Topf sind zwei Kochlöffel gut – einer ohne Loch (für normales Rühren) und einer mit Loch (zum Rühren von Teigen und Massen) und Kante (für die „Ecken" der Töpfe). Dazu die Schaumkelle zum Fischen im Kochwasser, die Schöpfkelle und eine Zange für alles vom Eier-Versenken bis zum Steak-Wenden – hier ein Souvenir aus Sydney. Und der kleine Schneebesen kommt aus Amerika, macht aber den besten Cappuccino-Schaum. Wer nun denkt, dass ich nur angeben will, schaut am besten mal in seine Küche. Da hängen und liegen bestimmt auch ein paar gute Geschichten rum.

Werkzeuge, die keiner braucht:
Knoblauchpresse,
stumpfe und schartige Messer,
Plastikbrettchen,
Eiertrenner,
Portionslöffel,
Mangoschäler.

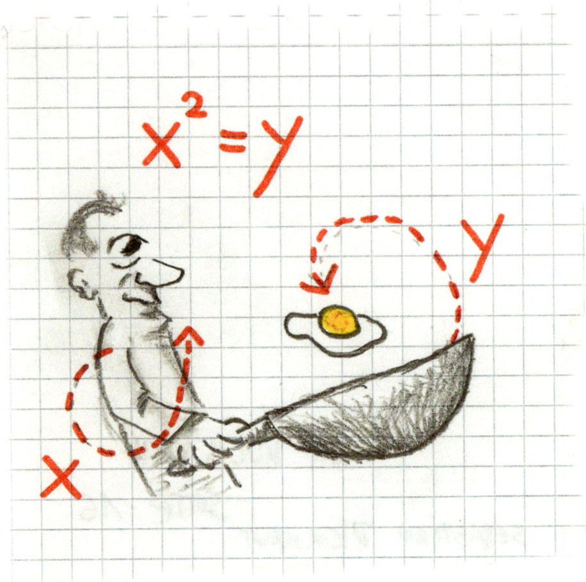

DAS KOCHGESCHIRR

Was für ein schönes Wort, auch wenn wir heute nicht mehr in Keramik kochen. Doch Suppenteller und -schalen sind praktisch, um Geschnittenes zu sammeln – erspart einem viele kleine Schüsselchen. Aus der Besteckschublade kommen dann Löffel und Gabel zum Abmessen, Rühren und Probieren. Und wenn es richtig zugeht am Kocharbeitsplatz, stelle ich mir die ins Wasserglas neben den Herd.

Kochgeschirr, das keiner braucht:
Alutöpfe, verbogene und abgeschabte Wackelpfannen, Grillpfannen, Edelstahlwoks.

Womit wir beim Kochen sind. Geht es vor allem um Flüssiges, braucht es keine tollen Töpfe. 1–2 kleine mit Stiel (vielleicht sogar mit Deckel) für Eier oder Sauce, ein mittelgroßer für Suppe oder Salzkartoffeln und ein 5-l-Topf für Nudeln oder Brühe. Wer gerne so langsam dünstet und schmort, wie es in diesem Buch öfter geschieht, sollte in einen guten schweren Schmortopf oder Bräter mit stabiler Beschichtung investieren. Eine leichte beschichtete Pfanne für Ei oder Fisch und eine schwere (nur dann aus blankem Eisen, wenn sie oft benutzt und stets geölt wird) für Steaks oder Bratkartoffeln braucht es auch noch. Und ein tiefes Blech sowie Formen für den Backofen – der ist nämlich erstklassig als Kochtopf und Bratpfanne.

SEL DE MER
BALEINE
IODÉ

DIE AROMEN

Ich finde Gewürze schon faszinierend, vor allem ihre Geschichte. Trotzdem ist da meine Küche nicht so üppig bestückt, oft reichen mir Pfeffer und Salz. Bei letzterem ist es mir meist egal, ob es von der Küste oder aus dem Himalaya kommt. Bevorzugt „salze" ich mit Aroma – mit Parmesan, Sojasauce, Sardellen, Speck. Pfeffer? Am liebsten nehme ich schwarzen (unreif samt Schale getrocknet, reich im Geschmack), für Mildes weißen Pfeffer – immer frisch gemahlen. Fürs Schärfen mit Aroma sind Ingwer oder Knoblauch gut. Chili auch, wobei man hier nicht übertreiben sollte. Paprika ist mir oft lieber. Auch beim Curry bin ich altmodisch und greife vor der Paste zum Pulver, das nicht mal selbst gemischt ist – aber dafür immer frisch und gut gekauft.

Die besten „Gewürze" sind für mich Kräuter, die Klassiker zuerst: Petersilie, weil sie Kühles fein-herb macht und gebraten schön wild schmeckt; Schnittlauch, die Edelzwiebel; Dill, wenn er passt (zu Fisch, Gurken, Erbsen); Basilikum, wenn es aromatisch ist; Estragon, weil er überrascht; Lorbeer, weil er vieles gut macht; Rosmarin, weil ich Ferien brauche; Thymian, weil ich nach Frankreich möchte.

Was sauer und süß macht:

Sauer:
Essige und Zitrusfrüchte aller Art, Wein

Süß:
Zucker aller Art, Sirup, Honig, Likör, süße Früchte.

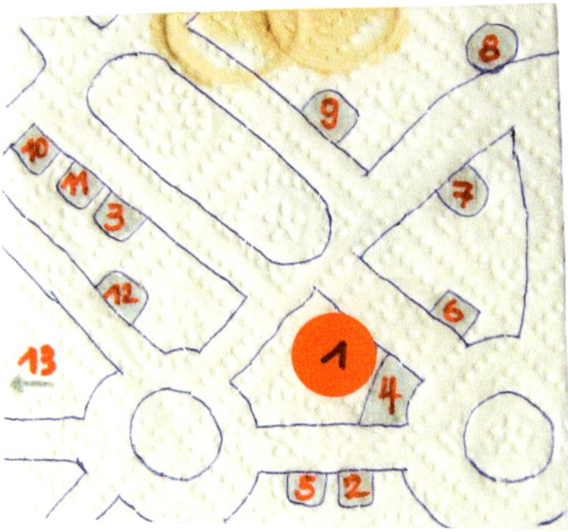

MEIN SUPER MARKT

Lageplan:
(1) Kochbüro
(2) Gemüseladen
(3) Kaffeeladen
(4) Kaufhaus
(5) Bäcker
(6) Käseladen
(7) Bio-Laden
(8) Mittagessen
(9) Asiatisches
(10) Italienisches
(11) Buchladen
(12) Geschirr
(13) Markt

Hinter meinem Kochbüro in München gibt es einen Gemüseladen, der mir jeden Weg zum Viktualienmarkt erspart. Und am Platz ums Eck kriege ich den besten Espresso, den ich je getrunken habe. Glück gehabt? Vielleicht, aber dass mir die Gemüsefrau im Spätsommer die ersten Klaräpfel zurücklegt, und der Kaffeemann mich gratis mit seinem Wissen über die Arabica-Welt versorgt, das habe ich mir selbst verdient. Weil ich da reingegangen und dann dort geblieben bin.

Und das kann jeder so machen. Bequem in den nächsten besten Laden gehen, dort mit jemandem über sein Essen reden und sich wundern – über die vielen Sorten Linsen beim Türken, über die Entdeckung der Miso-Paste im Bio-Laden, über die Tigergarnelen im Supermarkt, über die exotischsten Rüben der Region auf dem Wochenmarkt. Dafür braucht man keine Großstadt. Und der Discounter ist dafür nicht zu gebrauchen. Denn für mich ist Einkaufen die Vorfreude aufs Kochen. Leicht gesagt, schwer zu machen? Na gut, dann eben so: Nur wenn der Einkauf gut gelingt, dann klappt's auch mit dem Kochen. Und das ist die Vorfreude aufs Essen.

Wer zum Einkaufen nur um die Ecke geht, kann eine Menge entdecken: frische fremde Genüsse,

Säcke voller guter Ideen, eine Ausstellung im Lieblingsladen und mehr Zeit für die Kaffeepause mittendrin.

Damit es gut läuft: Die wichtigen Werkzeuge stets greifbar haben und den Kühlschrank nahe ans Geschehen rücken – auch wegen der Getränke.

Damit es was wird: Am besten nur für nette Leute kochen und dabei gute Laune haben. Die hat man nicht immer? Man kann sie aber kriegen: bei gutem Kochen und nettem Essen.

Freude geht durch den Magen. Also Schluss mit Reden, ...

GUTES ESSEN

Damit nix anbrennt: **kleine Hitze** – leises Köcheln und Sieden, sanftes Dünsten; **mittlere Hitze** – normales Kochen, sattes Braten; **starke Hitze** – heftiges Kochen, scharfes Braten.

fangen wir mit dem Kochen und Essen an. Auf der nächsten Seite geht's los.

MIT EIERN

Damit fängt alles an, auch beim Kochen. Das Ei ist ein schönes Beispiel dafür, wie simpel gute Küche sein kann: erstens eine vielseitige Zutat nehmen und zweitens sich überlegen, was man außer dem Üblichen noch damit machen kann. Also etwa ein Ei kochen – aber statt Wasser einfach Rotwein verwenden. Übrigens: Ein schön frisches Ei sollte nicht in den Kühlschrank kommen. Mehr dazu gleich im ersten Rezept.

Wie koch' ich …

EIN EI?

Vor allem fürs weiche bis mittelweiche Frühstücksei (und für Spiegel- oder Rührei), sollte das Ei schön frisch sein. Denn dann ist es rein genug, um es nicht durchgaren zu müssen. Schön frisch heißt: nicht jünger als 3 Tage (vorher schmeckt's fad) und nicht älter als 2 Wochen. Woher weiß ich nun, wann das Ei gelegt ist? 28 Tage vom Haltbarkeitsdatum abziehen, das immer 4 Wochen nach dem Legen liegt. Wer seine Eier schön frisch kocht, braucht für ihre Aufbewahrung keinen Kühlschrank, der nimmt ihnen nur das Aroma. Auch platzen kalte Eier leicht, wenn sie ins heiße Wasser kommen. Aber das passiert nach unserer Methode eh nicht, die für 4–8 Frühstückseier der Größe M (gilt für alle Eier im Buch) taugt, bei hart gekochten können es ein paar mehr sein.

1. Wir legen die Eier in einen passenden Topf und zapfen so viel lauwarmes Wasser hinein, dass sie knapp damit bedeckt sind. Nun kommt der Topf mit Deckel auf den Herd und das Wasser wird bei starker Hitze zum Kochen gebracht. So entfällt das fürs Platzen der Schale gefährliche Reinplumpsen samt Hitzeschock.

2. Für weiche Eier wird nach dem Aufkochen weitere 2 Minuten ohne Deckel gegart, für mittelweiche Eier sind es 4 Minuten, für harte Eier 8 Minuten. Sind sie fertig, werden sie mit der Schaumkelle aus dem Topf gefischt, bei harten Eiern das Wasser abgießen.

3. Jetzt die Eier abschrecken: Weiche und mittelweiche etwa 10 Sekunden unterm laufenden kalten Wasserstrahl. Bei harten Eiern 1/2 Minute lang kaltes Wasser in den Topf laufen und dabei wieder abfließen lassen. Und dabei die Eier bitte im Wasser nicht ganz abkühlen lassen, dann lassen sie sich nämlich nur schwer pellen. Und was machen wir jetzt mit diesem Wissen? Umblättern.

„Jetzt gibt es so viele Kochbücher – aber in keinem finde ich, wie man ein Ei kocht!“ Als sich Freund Walter darüber beschwerte, war er gerade frisch geschieden und in der Küche ganz alleine. Und was er sagte stimmte. Damals – es war Ende der Neunziger – standen die feinsten Sachen in den Kochbüchern, aber nichts übers Eier kochen. Deswegen erschien dann Basic Cooking. „Aber da kann ich ja immer noch nicht drin lesen, wie man ein Ei kocht!“, rief Walter. Au weia! Er hatte schon wieder Recht. Weswegen wir gleich mal mit dem Eier kochen anfangen.

ŒUFS BORDELAISE

Eier heißen auf französisch „œufs", und das liest sich kompliziert – wie vieles in Frankreichs Küche. Aber das Rezept hier ist ganz einfach zu machen. Denn wenn ich Eier kochen kann, kann ich auch Œufs bordelaise. Ich muss nur Rotwein statt Wasser nehmen und noch ein paar gute Dinge mehr. Schon wird's de luxe!

Zutaten für 4 Portionen
4 Knoblauchzehen • 4 Lorbeerblätter • 1 TL Pfefferkörner • 2 EL Rotweinessig • 4 EL Salz • 1/2 l guter Rotwein (muss aber kein Bordeaux sein) • 8 Eier • 1 Bund Schnittlauch • 100 g scharfer Senf

Zubereitungszeit: 25 Minuten
(+ 3 Tage Ruhe)

› Die Knoblauchzehen mit dem Handballen kurz, aber kräftig aufs Brett drücken, so lassen sie sich leichter schälen. Zehen schälen, halbieren und samt Lorbeerblättern, Pfefferkörnern, 1 EL Essig und Salz in der Hälfte des Weins aufkochen und 10 Minuten köcheln lassen.

› Topf vom Herd ziehen und den übrigen Wein dazugießen. Eier in den Sud setzen, aufkochen. Nun den Topf ordentlich schwenken, sodass die Schale der Eier angeschlagen wird. Dann schmecken sie später intensiver nach Wein.

› Die Eier 8 Minuten kochen und dann im Sud ganz auskühlen lassen. Nun werden sie zum Durchziehen für mindestens 3 Tage zugedeckt in den Kühlschrank gestellt.

› Am Tag des Genusses die Eier aus dem Sud fischen und sie 1 Stunde in der Küche aufwärmen lassen. Den Schnittlauch waschen, trockenschütteln und in Röllchen schneiden. Dazu das Bund aufs Brett legen, 5 cm von den Spitzen abschneiden und neben das übrige Bund legen. So geht das Schneiden besser. Schnittlauch mit Senf und restlichem Essig verrühren.

› Zum Verspeisen die Eier nun pellen, sich dabei über das schöne Marmormuster freuen und die guten Stücke in die Senfmischung stippen. Abbeißen und weitermachen.

ASIA-EIER IM GLAS

Pochierte Eier sind Eier, die ohne Schale in Flüssigkeit gar ziehen. Kompliziert! Simpler sind Eier im Glas: mittelweich gekocht und danach gepellt. Man findet sie leider nur noch vereinzelt auf den Frühstückskarten der Cafés, was sie nicht verdient haben. Deswegen hier eine entstaubte Asia-Version zum Wiederentdecken – und zum Kennenlernen von Kontrasten in der Küche: weich und knackig, roh und gekocht, süß und salzig.

Zutaten für 4 Portionen
3 Frühlingszwiebeln • 3 EL Sojasauce • 3 EL Honig • 1 EL Sesamsamen • 2 Stück frischer Ingwer (jeweils 3–4 cm) • 4 Eier • 4 TL Forellenkaviar

Zubereitungszeit: 20 Minuten

› Die Frühlingszwiebeln waschen. Dann unten die Wurzelbüschel und oben das schlappe dunkle Grün wegschneiden, die äußere Zwiebelschicht abziehen. Nun die Zwiebeln schräg in lange dünne Ringe schneiden und 10 Minuten in eiskaltes Wasser legen – das macht sie mild und knackig.

› Die Sojasauce mit dem Honig verrühren. Den Sesam in einer Pfanne ohne jedes Fett bei mittlerer Hitze duftig und hellbraun rösten. Den Ingwer schälen und 1 Stück in Scheiben schneiden.

› Die Eier mit den Ingwerscheiben in einem engen Topf mit lauwarmem Wasser bedecken, aufkochen und dann 4 Minuten kochen lassen. Inzwischen die Frühlingszwiebeln in ein Sieb schütten, gut abtropfen lassen und auf vier Gläser verteilen.

› Die gegarten Eier abgießen und nur ganz kurz abschrecken. Jetzt vorsichtig pellen – am besten hilft dabei jemand, damit sie heiß bleiben. Je 1 Ei in ein Glas geben, Sojahonig darüber gießen, mit Kaviar krönen und mit Sesam bestreuen. Zum Schluss das zweite Stück Ingwer fein darüber reiben. Asia-Eier gleich mit dem Eierlöffel essen! Ein Tipp am Ende: Statt Sojahonig 6 EL Kejap manis nehmen, die süße indonesische Sojasauce aus dem guten Asia-Laden.

← *Asia-Eier im Glas: Der Klassiker aus dem Café, ab jetzt auch tauglich fürs Teehaus.*

Wie mach' ich ...

EIN SPIEGELEI?

Das perfekte Spiegelei gibt es nicht. Weil es mindestens zwei Arten von Spiegelei-Perfektionisten gibt: jene, die es amerikanisch knusprig mögen, und jene, die es klassisch spiegelglatt wollen. Wie ich.

Ich liebe die klassische Art, weil ich das Gelbe dickflüssig und das Weiße nicht braun gebrannt mag. So oder so: Das Ei zum Braten muss so frisch wie fürs Kochen sein, aber aus dem Kühlschrank kommen. Dann behält es seine Form besser in der Pfanne. Diese kann beschichtet oder aus Eisen sein, wenn sie nur nicht klebt. Was aber passieren kann, wenn Speck oder Schinken darin gebraten wurden. Dafür also lieber eine extra Pfanne nehmen. So schmeckt das Ei auch nach Ei. Fett? Butter, ganz klar. 1 TL voll pro Ei.

1. Die Butter kommt in die Pfanne, wenn man sie auf die mittelheiße Herdplatte stellt. Sobald das Fett geschmolzen, aber noch lauwarm ist, die Mitte des Eies kurz, aber beherzt auf den Pfannenrand schlagen. An der entstandenen Kerbe die Schale aufbrechen und das Ei in die Pfanne gleiten lassen. Dabei nicht zu zaghaft, aber doch behutsam sein. So bleibt das Eigelb ganz.

2. Zischen und Schmurgeln sollte jetzt noch nichts, denn die Pfanne ist ja noch lauwarm. Was gut ist, weil dann das Eiweiß langsam stockt, ohne stark zu bräunen und Blasen zu werfen. Fließt es zu sehr in die Breite, mit dem Pfannenwender stoppen. Beim frischen kalten Ei ist das aber kaum notwendig. Wenn das Eiklar nach 1 knappen Minute schon recht weiß, aber oben noch flüssig ist, wird es gesalzen. Nicht das Eigelb, denn das bekommt dann Punkte.

3. Nun braucht das Ei noch 1–2 Minuten, bis das Eiklar ganz fest, das Eigelb aber noch flüssig ist. Ein Deckel kann dabei helfen, doch dann beschlägt das Gelbe gerne. Besser ist es, die Pfanne gegen Bratende vom Herd zu ziehen und noch kurz zu warten, bis das Eiweiß auch an der Oberfläche gestockt ist.

↓ *Ofenspiegelei: Der Titelheld des Buches, hier mal um die Ecke gekocht. Lässt sich gern mit Toast aufstippen.*

OFENSPIEGELEI

Spiegelei geht auch im Ofen, am besten mit etwas dabei. Hier sind es Sahnezwiebeln.

Zutaten für 4 Portionen
4 Zwiebeln • 4 Zweige frischer Thymian (1 TL getrockneter Thymian geht auch) • 4 EL Butter • Salz • weißer Pfeffer • Zucker • 3 EL Weißwein • 200 g Sahne • 4 Eier

Zubereitungszeit: 30 Minuten
(+ 12 Minuten Garen)

› Zwiebeln schälen und in Streifen schneiden. Thymian waschen, trockenschütteln und die Blättchen abzupfen. 2 EL Butter in einem Topf zerlassen, Zwiebeln und Thymian dazugeben, mit Salz, Pfeffer sowie 1 Prise Zucker würzen und 1 Minute bei mittlerer Hitze dünsten. Wein dazu und einkochen lassen. Deckel drauf, Zwiebeln bei kleiner Hitze 5 Minuten schmoren. Die Sahne dazugießen und ohne Deckel in 5 Minuten dick einkochen.

› Den Ofen auf 175 °C (Umluft 160 °C) vorheizen. Zwiebeln auf vier flache Förmchen oder eine große Form verteilen, darin Mulden formen und die Eier hineinschlagen. Die übrige Butter drumherum verteilen. Eier für 10–12 Minuten auf der mittleren Schiene in den Ofen schieben. Ist das Eiklar fest, das Eigelb aber noch nicht, sind sie genau richtig. Dazu: einen Toast.

Wie mach' ich …

EIN SAFTIGES RÜHREI?

Wenn ein goldiges Rührei einen vom Teller anglänzt, ist das was Feines. Es ist mein Liebling unter den Eiergerichten. Weswegen ich es auch niemals schlagen würde!

Pro Person reichen 2–3 frische Eier. Große Köche schwören darauf, diese im Topf über siedendem Wasser zu rühren. Das probier ich mal im Alter aus. Bis dahin nehme ich eine beschichtete Pfanne. In die kommt 1 TL Butter. Fehlt noch was? Ein Holzwender zum Rühren (kein Schneebesen!), Salz.

1. Die Eier in einen tiefen Teller aufschlagen und mit der Gabel sanft verquirlen, sodass alles glatt verbunden ist, aber nicht schäumt. Bitte nicht mit dem Schneebesen aufschlagen, dann wird das Rührei trocken statt saftig.

2. Die Pfanne mittelheiß machen und die Butter darin bewegen, damit sie überall hin kommt. Schäumt sie, werden die Eier hineingegossen. Sie sollten die Pfanne gut ausfüllen, ohne darin zu hoch zu stehen. Sonst dauert das Garen zu lange. Nun anstocken lassen (braucht keine 15 Sekunden) und mit dem Rühren beginnen: in Form einer Acht, spiralig oder kreuz und quer – immer dort, wo es gerade am flüssigsten ist. Wichtig ist, dass das Ei nirgends zu sehr stockt, während es anderswo Suppe bleibt. Gegen Ende salzen.

3. Das Ende ist erreicht, wenn das Ei anfängt, „Schollen“ zu bilden. Diese im Zentrum der Pfanne zu einem Hügel zusammenschieben, der oben ruhig noch etwas feucht sein darf. Dann die Pfanne vom Herd ziehen und das Ei 1 Minute sich selbst überlassen So stockt es leicht nach und wird zu einem durch und durch saftigen Rührei. Auf den warmen Teller damit!

PS: Rührei ist dankbar für aromatische Zusätze aller Art, die eingerührt, mitgegart, drübergestreut werden können. Mehr auf den nächsten Seiten.

OMELETTE „BAGUETTE"

Das klassische Omelette fehlt hier, weil ich es für ein gutes Rührei immer stehen lassen würde. Ausnahme: Omelettes mit sattem Innenleben. Das können gebratene Nudeln oder Kartoffeln sein. Oder ganz simpel: Brot.

Zutaten für 1–2 Portionen
1/4 Baguette (oder 2–3 Scheiben Weißbrot) • 1 Knoblauchzehe • 100 g Salami in Scheiben (z. B. Mailänder) • 1 Bund glatte Petersilie • 1 Bund Basilikum • 4 EL Öl (am besten Olivenöl) • 1 TL Kapern (wer sie mag) • Salz • Pfeffer • 3 Eier • 2 EL Mayonnaise

Zubereitungszeit: 30 Minuten

› Das Baguette in etwa 1 cm dicke Scheiben und dann in Würfel schneiden. Knoblauch schälen und in feine Scheiben schneiden. Die Salamischeiben aufeinander legen und vierteln. Kräuter waschen und trockenschütteln, Blättchen abzupfen und dann grob hacken.

› Öl in einer großen beschichteten Pfanne sanft erhitzen, Salami und Knoblauch darin unterm Deckel 1 Minute kurz braten lassen. Hitze auf mittlere Stufe schalten, Brotwürfel dazugeben und ohne den Deckel 1–2 Minuten rösten. Kapern (wer mag) und Kräuter für ein paar Sekunden mitbraten. Zum Schluss alles leicht salzen und pfeffern.

› Die Eier mit der Mayonnaise verrühren und über die Brotmischung gießen. Kurz stocken lassen, dann mit dem Pfannenwender öfters durchrühren. Ist die Masse noch feucht, aber fest genug zum Formen, wird sie in die eine Hälfte der Pfanne geschoben. Den Deckel drauf und 1 Minute weiter stocken lassen.

› Nun das Omelette mit dem Pfannenwender in die andere Pfannenhälfte klappen und noch mal 1 Minute garen. Fertig! Schmeckt gut mit Tomatensauce (ab Seite 158).

EIERKUCHEN „TOKIO"

Tamago heißen Japans Eierkuchen, die samt Sojasauce und Zucker in eckigen Pfannen gestockt und gerollt werden. Hier meine simple Version, nach Crêpe-Art gewickelt und nach Sushi-Art gefüllt. Aus Respekt vor Japan haben wir das fürs Bild besonders hübsch gemacht. Muss aber nicht sein.

Zutaten für 1–2 Portionen
1 EL Sojasauce • 1 EL Zucker • 3 Eier • 1 Nori-Blatt (Algenblätter, die um Sushi gewickelt werden; gibt's im Asia- oder Bio-Laden) • 50 g Tunfisch im eigenen Saft (aus der Dose) • 1 TL Öl • 1 EL Mayonnaise (am besten aus der Tube)

Zubereitungszeit: 20 Minuten

↓ *Da steckt Sojasauce drin, aber man kann sie auch selbst in Sojasauce stecken: Eierkuchen „Tokio“.*

› Die Sojasauce mit Zucker verrühren, bis er sich gelöst hat. Mit den Eiern verquirlen, ohne dass es schäumt. Das Nori-Blatt zerbröseln. Den Fisch abtropfen lassen und zerpflücken.

› Eine große beschichtete Pfanne leicht heiß machen, Öl hineingeben und erwärmen. Die Eiermasse hineingießen, sanft stocken lassen. Wo die Eier sehr flüssig sind, öfter mit dem Pfannenwender einen Schnitt machen, damit der Saft auf den Pfannenboden läuft. Sind sie fast gestockt, die Hitze reduzieren und die Pfanne 1 Minute abdecken. Am Ende sollte der Eierkuchen oben noch feucht sein.

› Nori-Brösel auf den Eierkuchen streuen, mit der Mayonnaise in der vorderen Hälfte einen Strang ziehen (Mayo einfach aus der Tube drücken) und dem Tunfisch darüber verteilen. Nun den Eierkuchen einrollen.

› Die Eierkuchenrolle in sechs gleich große Stücke schneiden. Und nach Belieben schick servieren – z. B. mit einer Bauchbinde aus Nori-Blatt, „geschneidert“ mit einer Schere. Dazu gibt es gute Sojasauce und – wer's mag – scharfen Wasabi sowie eingelegten Ingwer. Und zu trinken? Tee? Ne! Lieber was klassisch Japanisches. Also ein Bier, am besten Pils.

↑ *Zur Sicherheit: nach draußen gehen.*

↑ *Guter Flug: Wende beidhändig.*

Wie lern' ich ...

PFANNKUCHEN WERFEN?

Als Erstes: Trockenübungen. Mit einer beschichteten und nicht zu schweren Pfanne, damit es gut flutscht und der Arm nicht lahm wird. In die Pfanne eine flache Tüte Trockenware legen, Nüsse oder Bohnenkerne etwa. Nun wird die Pfanne mit locker angewinkeltem Arm leicht schräg nach unten gehalten. Dann mit kurzem Schwung aus Handgelenk und Ellbogen (nicht aus der Schulter) nach vorne und gleichzeitig oben schwenken. Geht alles gut, fliegt der Inhalt hoch und wieder hinein. Geht's nicht gut – nur Mut und weitermachen.

Klappt das, wird's ernst – und wahrscheinlich auch ein bisschen klebrig in der Küche. Denn ein ganzer Pfannkuchen fliegt noch mal anders als so eine flache Tüte mit losem Inhalt. Wer aus der Küche ins Freie kann, sollte also erst da üben. Vorher aber den Teig anrühren und quellen lassen (mehr dazu auf den nächsten Seiten), die Pfanne erhitzen und die Butter darin schmelzen lassen. Dann einen großzügigen Schöpfer voll Teig hineingeben. Die Pfanne etwas drehen, damit der Boden gleichmäßig bedeckt wird, und wieder auf die Platte stellen.

↑ *Miese Landung: ungewollte Zweiteilung.*

↑ *Sehr lässig: die Wende nebenbei.*

Nichts beeindruckt in der Küche mehr, als ein lässig im Gespräch und aus dem Handgelenk gewendeter Pfannkuchen. Das ist gar nicht so schwer, wenn man nur etwas Mut und keine Angst vor Fettflecken hat. Hier steht, wie es geht.

Nun einen Moment warten, bis der Teig langsam von unten her fest wird, der Pfannkuchen oben aber noch ein wenig feucht ist. So sollte er sich in der Pfanne bewegen lassen. Zum Test die Pfanne auf dem Herd sanft hin- und herrütteln und ihr auch mal mit leichtem Schwung eine Drehung verpassen, bis der Kuchen herumgleitet. Tut er das nicht, den Rand mit dem Pfannenwender lösen. Rührt er sich weiter nicht, den Wender vorsichtig drunterschieben – meistens hängt nur ein kleines Stück fest. Beim ersten Pfannkuchen ist das sogar normal.

Ab jetzt darf gewendet werden. Erst einmal den Pfannkuchen ein wenig über den Rand schauen lassen und nachsehen, ob er von unten schön braun ist. Dann zurück in die Startposition damit. Jetzt die Pfanne wie beschrieben so locker wie schräg halten und mit Schwung plus Mut schwenken. Ist die Pfanne gut heiß, löst sich der Pfannkuchen besser. Die ersten bleiben trotzdem gerne hängen (normal, wie gesagt) oder drehen sich nur halb (mehr Schwung, mehr Mut). Aber mit der Zeit klappt das schon. Zur Not wird halt ein Schmarren draus (Seite 228).

1-2-3-PFANNKUCHEN

Die sind kinderleicht, weil eins nach dem anderen zusammenkommt. So gibt es auch keine Klumpen. Ich esse sie am liebsten gerollt mit geriebenem Käse, Paprikapulver und Schnittlauch.

Zutaten für 4 Portionen
1 Kaffeebecher voll Eier • 1 Kaffeebecher voll Mehl • 1 Kaffeebecher voll zimmerwarme Milch • 6 EL Butter • 1 Prise Salz

Zubereitungszeit: 25 Minuten
(+ 30 Minuten Quellen)

› Die Eier in einer Schüssel verquirlen. Nun das Mehl hineinrühren, bis die Masse schön glatt ist. Jetzt erst kommt die Milch dazu – voilà, keine Klumpen.

› 2 EL Butter schmelzen und bräunen lassen und mit dem Salz in den Teig rühren. Das gibt Aroma. Den Teig 30 Minuten bei Raumtemperatur quellen lassen. Das nimmt ihm den mehligen Geschmack.

› Eine beschichtete Pfanne auf dem Herd mittelheiß werden lassen. 1 EL Butter darin aufschäumen. Nun kommt eine Kelle voll Teig hinein, dieser wird gut 1 Minute gebacken, dann wird gewendet und auch die zweite Seite 1 Minute gebräunt. Die Details stehen auf der Seite zuvor. Aus dem übrigen Teig in der restlichen Butter nach und nach noch drei weitere Pfannkuchen backen.

SCHINKENEIERKUCHEN

Nicht mehr Rührei, noch nicht Pfannkuchen, ein bisschen Soufflé. Schwer zu beschreiben. Einfach mal ausprobieren.

Zutaten für 4 Portionen
400 ml Milch • 3 Eier • 3 EL Mehl • Salz • Pfeffer • 150 g gekochter Schinken • 50 g Gouda • 1 Bund Schnittlauch • 1 EL Butter

Zubereitungszeit: 15 Minuten (+ 15 Minuten Quellen + 30 Minuten Garen)

› Die Milch erhitzen und beiseite stellen. Eier mit dem Mehl glatt rühren. Dazu die heiße Milch gießen und kräftig weiterrühren. Teig salzen, pfeffern und 15 Minuten bei Raumtemperatur quellen lassen.

› Den Ofen auf 200 °C vorheizen (Umluft 180 °C). Schinken und Käse in gut 1/2 cm große Würfel schneiden. Den Schnittlauch waschen und trockenschütteln, dann in Röllchen schneiden. Dies alles vermischen.

› Eine ofenfeste Pfanne mit der Butter ausstreichen. Schinkenmischung darin verteilen, Teig darüber gießen. Für 25–30 Minuten in den Ofen (Mitte) stellen. Schnell servieren.

SURFER'S BANANA PANCAKE

Des Surfer's Morning Delight: aufwachen, Spitzenbrandung hören, 3 Stunden surfen, den Banana Pancake ganz alleine essen. Wenn man sich den Pancake nach langem Ausschlafen gibt, reicht er für 2 Leute.

Zutaten für 1 Portion
100 g Mehl • 1 TL Backpulver • 1 Ei • 4 EL brauner Zucker • Salz • 2 Bananen • 100 g saure Sahne • 3 EL süße Sahne • 2 EL Butter • 1/2 TL gemahlener Zimt • 1/4 Zitrone

Zubereitungszeit: 25 Minuten

› Das Mehl mit Backpulver mischen. Das Ei mit 1 EL Zucker und 1 Prise Salz schaumig schlagen. 1 Banane schälen und zu Mus zerdrücken, das samt saurer und süßer Sahne mit dem Ei verrühren. Das Mehl darunter ziehen. Den Teig zur Seite stellen.

› Die zweite Banane schälen, in Scheiben schneiden und mit 1 EL Zucker mischen. Eine große Pfanne erhitzen, 1 EL Butter darin aufschäumen lassen. Den Teig hineingeben und die Bananenscheiben darauf legen. 1 EL Zucker darüber streuen, restlichen Zucker mit dem Zimt mischen.

› Pancake 2–3 Minuten bei mittlerer Hitze bräunen. Wenden, übrige Butter darunter laufen lassen und noch mal 2–3 Minuten bräunen. Am Tisch mit dem Zimtzucker bestreuen, Saft der Zitrone darüber träufeln.

MIT NUDELN UND REIS

„Die kochen ja auch nur mit Wasser." Stimmt eigentlich, und viel schief gehen kann dabei nicht. Damit sie aber richtig gut werden, gibt es ein paar Tricks. Und man nimmt außer Wasser noch ein paar Flüssigkeiten mehr, die dann aus den beiden etwas Besonderes machen. Bei den Nudeln sind das meistens die Saucen dazu. Beim Reis kann es aber auch der Sud sein, in dem er kocht – wie beim Risotto. Ja, und dann lassen sich die Nudel und der Reis zudem noch braten ...

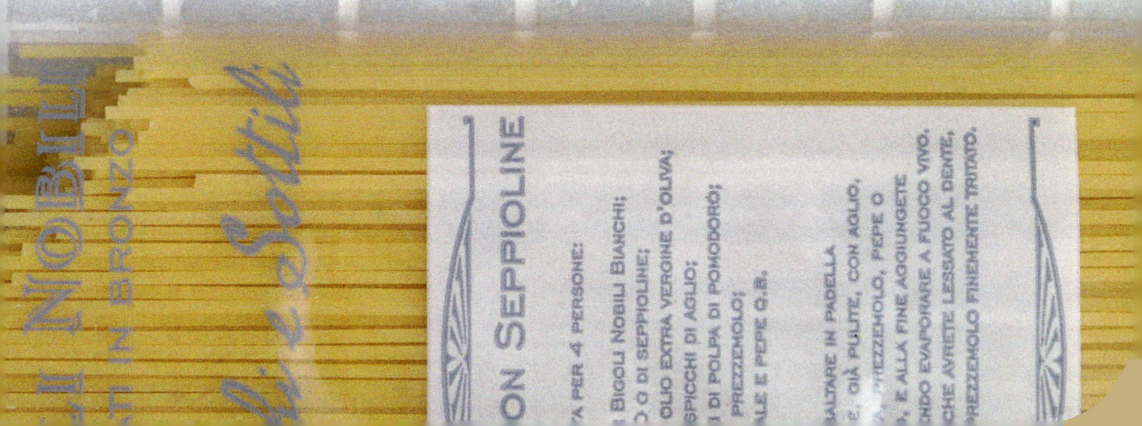

Wie koch' ich …

NUDELN?

Nun, das steht auf der Packung. Trotzdem werden sie nicht immer bissfest oder „al dente", wie der Italiener sagt? Schauen wir mal …

Das ist die Formel: Für 4 Teller Nudeln als Hauptspeise (fast immer Pasta aus Hartweizen und Wasser) brauchen wir die 500-g-Packung, für Beilagennudeln (oft Eiernudeln aus Weizen, Ei und Wasser) die Hälfte. Und: pro 100 g Nudeln knapp 1 l Wasser und 1 TL Salz nehmen.

1. Einen ausreichend großen Topf mit dem Wasser füllen. Auf den Topf kommt ein Deckel, unter dem das Wasser auf höchster Stufe aufgekocht wird. Dann den Deckel weg und die Nudeln rein und gleich rühren, weil sie am Anfang am liebsten verkleben. Jetzt erst salzen, da so das Wasser schneller wieder kocht. Auf mittlere Hitze schalten und nur noch ab und zu rühren.

2. Spätestens jetzt muss auf der Packung nach der Garzeit geschaut werden. Sicher ist, dass die Nudeln nicht länger kochen dürfen. Ganz sicher ist es, im letzten Kochviertel öfters mit der Gabel zu testen: Rutscht die Nudel steif vom Zinken, ist sie noch roh. Bleibt sie, wird sie gebissen. Ist sie innen noch hart und im Anbiss weiß, muss sie weiterkochen. Stößt der Zahn („dente") nur noch auf leichten Widerstand – raus mit den Nudeln.

3. Zum Abgießen das Nudelsieb in eine Servierschüssel in der Spüle stellen. Das Sieb nach dem Abgießen herausheben, die Nudeln abtropfen lassen. Die nun gewärmte Schüssel ausleeren und darin die Nudeln gleich mit der Sauce vermischen, die jetzt fertig sein muss. So kommen sie gar nicht dazu, zu verkleben, und man kann sich das Öl im Kochwasser (hindert die Nudeln, Sauce aufzunehmen) und das kalte Abbrausen der Nudeln (löst klebrige Stärke, aber auch Geschmack) sparen. Außer, sie sollen für Salate oder Aufläufe abkühlen. Dann werden sie kalt abgebraust und mit 1 TL Öl vermischt. Asia-Nudeln für Suppen und Wokgerichte werden generell so abgekühlt.

NUDELN MIT AVOCADO UND KAVIAR

Das klingt toll, schmeckt toll und macht ziemlich Eindruck, aber ganz wenig Arbeit. Dafür lassen wir dann auch mal ein Gläschen Kaviar springen – es ist ja nicht der teuerste. Und vier Tricks gibt's obendrein. Hier gleich Trick 1: Ist die Avocado noch hart, mit 'nem Apfel zum Reifen in eine Plastiktüte packen und für 1 Tag auf den Küchenschrank legen.

Zutaten für 4 Portionen
1 vollreife Avocado • 5 EL Orangensaft • 1 Bund glatte Petersilie • 5 EL Olivenöl • 500 g Spaghetti • 5 TL Salz • 100 g Lachs- oder Forellenkaviar (aus dem Glas) • schwarzer Pfeffer

Zubereitungszeit: 30 Minuten

› Trick 2 – Avocado teilen: Der Länge nach einen Schnitt bis zum Stein setzen und das Messer am Stein entlang rundum führen. Die beiden Hälften mit den Händen gegeneinander drehen, bis sie sich lösen. Den Stein aus seiner Hälfte herausholen und die Schalen beider Hälften entweder abziehen oder mit dem Sparschäler entfernen. Das Avocadofleisch klein würfeln und mit dem Orangensaft mischen.

› Trick 3 – Petersilie entblättern: Das Bund waschen und trockenschütteln. Dann aufs Brett legen, die Stängelenden in die Hand nehmen und leicht anheben und mit der Messerschneide in Richtung der Blätter streichen, damit diese sich samt den feinen Stielchen lösen. Dabei das Bund öfter drehen. Verbleibende Blätter abzupfen. Petersilie fein hacken, mit dem Öl verrühren.

› Trick 4 – Spaghetti-Mikado (funktioniert am besten bei Spaghetti mit normaler Länge, erleichtert aber auch das Eintauchen bei Überlänge): 5 l Wasser im großen hohen Topf aufkochen. Das Spaghettibündel mit beiden Händen umfassen und diese über dem Topf wie beim Mikado gegeneinander drehen. Hände weg und den Nudelfächer ins Wasser fallen lassen – so versinken die einzelnen Nudeln fast von selbst, statt als Bündel träge unterzugehen und dabei zu verkleben. Salzen.

› Die Spaghetti je nach Packungsaufschrift in 8–10 Minuten bissfest kochen und in ein Sieb abgießen, das in einer Servierschüssel steht. Nudeln abtropfen lassen, das Kochwasser bis auf einen kleinen Schluck aus der Schüssel schütten, Nudeln hineingeben. Jetzt das Petersilienöl darunter rühren.

› Die Avocadowürfel samt O-Saft und den Kaviar auf die Spaghetti geben und vorsichtig mit zwei Gabeln oder einem Salatbesteck untermengen. Und nun gleich auf den Tisch und in die Teller damit. Statt Parmesan kommt frisch gemahlener Pfeffer darüber.

PASTA MIT KARTOFFELN, BOHNEN UND PESTO

Wie das Ei und die Kartoffel kann man auch die Nudel in mehr als nur Salzwasser kochen. Bei diesem alten Rezept aus Ligurien kommen noch Bohnen und Kartoffeln dazu, die das Kochwasser zum Gemüsesud machen und die Pasta auf schlichte Art bereichern.

Zutaten für 4 Portionen
200 g grüne Bohnen • 200 g fest kochende Kartoffeln • 250 g breite Bandnudeln • 5 TL Salz • 2 EL Butter • 8 EL Pesto (selbst gemachtes von Seite 152 oder fertig gekauftes bester Qualität) • Parmesan am Stück

Zubereitungszeit: 40 Minuten

› Die Bohnen waschen, die Spitzen abschneiden. Die Kartoffeln waschen und schälen, dann in 1 cm dicke Scheiben und in ebenso dicke Stifte schneiden.

› In einem großen hohen Topf 5 l Wasser zum Kochen bringen. Bohnen, Kartoffeln, Nudeln und Salz hineingeben, umrühren und aufkochen. 8–10 Minuten kochen, bis die Nudeln bissfest sind. Eine Servierschüssel mit dem Nudelsieb darin in die Spüle stellen. Die Nudeln darin abgießen und gut abtropfen lassen.

› Kochwasser aus der Schüssel gießen, dabei 1/2 Tasse voll in der Schüssel zurückbehalten. Darin Nudelmischung, Butter und Pesto verrühren. Zu Tisch bringen, wo tiefe warme Teller, der Parmesan, eine Flasche Rotwein und glückliche Genießer warten.

← *Ein Klassiker: Pasta mit Kartoffeln, Bohnen und Pesto.*

Wie koch' ich ...

SPAGHETTI ALLA CARBONARA?

Nudeln mit Sahne, das ist so was. Die erste Gabel ist himmlisch, aber gegen Ende ... ist es bei tollen Carbonara immer noch göttlich. Weil da mehr Ei als Sahne drin ist, weil die Sauce sich so sanft an die Spaghetti schmiegt – und weil dieses Rezept von Cornelia ist, von der fast all die feinen Rezepte in den Basic-Büchern sind.

Und wie bei vielen köstlichen Rezepten ist die Zutatenliste kurz: 100 g bester Speck am Stück (ideal: Pancetta, ein luftgetrockneter Schweinebauch, gibt's beim Italiener; gut: milder fester Räucherspeck), 2 EL Olivenöl, 1 Knoblauchzehe, 500 g Spaghetti, Salz, 3 Eier, 6 EL Sahne, 50 g frisch geriebener Parmesan, Pfeffer.

1. Zuerst der Speck: Er wird in dünne Scheiben und dann in Streifen geschnitten, 1/2 cm Breite ist perfekt. Zum Ausbraten den Speck mit dem Öl im Töpfchen bei kleiner Hitze in 3 Minuten leicht knusprig braten. Knoblauch schälen, fein würfeln und in der letzten Minute im Fett mitbraten.

2. Derweil die Spaghetti im Salzwasser so kochen, wie es am Anfang des Kapitels gesagt wird. Zugleich Eier, Sahne und Parmesan verrühren. Fertige Nudeln ebenfalls wie beschrieben abgießen, Nudeln in die Schüssel geben.

3. Jetzt das Carbonara-Wunder: Erst Speck samt Fett mit den Nudeln verrühren (gibt das beste Aroma). Dann die Eiersahne zügig unterrühren, bis sie sich schön dick und glänzend an die Spaghetti schmiegt, ohne völlig darin aufzugehen. Pfeffern, vielleicht salzen und in warme tiefe Teller damit.

↓ *Spaghetti prima carbonara – die sind auch fein genug für die Primaballerina.*

SPAGHETTI PRIMA CARBONARA

Der gute alte Carbonara-Trick ist viel zu gut, um ihn nur für ein Gericht zu reservieren. Hier die feine Version mit Lachs.

Zutaten für 4 Portionen
1 Bund Schnittlauch • 100 g Räucherlachs in Scheiben • 2 TL Zitronensaft • 2 EL körniger Senf • 4 Eier • 4 EL Sahne • 500 g Spaghetti • 5 TL Salz • Pfeffer

Zubereitungszeit: 20 Minuten

› Den Schnittlauch abbrausen und trockenschütteln. Dann das Bündel aufs Brett legen, die Spitzen vorne gut 5 cm lang abschneiden und dicht neben das Bund legen. Nun lässt sich der Schnittlauch gleichmäßig von der Spitzenseite her in Röllchen schneiden. Die hellen Enden wegwerfen. Lachs in Streifen schneiden und mit Schnittlauch, Zitronensaft, Senf, Eiern und Sahne verrühren.

› In einem großen hohen Topf 5 l Wasser aufkochen. Spaghetti mit Salz hineingeben und in 8–10 Minuten bissfest garen. Ins Sieb mit einer Schüssel darunter abgießen, abtropfen lassen, Wasser weggießen. Spaghetti in die Schüssel geben, Eiermischung drübergeben und sofort unterrühren, bis sie stockt, aber noch glänzt. Pfeffern und auf den Tisch damit – bitte ohne Parmesan!

Wie koch' ich ...

SPAGHETTI AGLIO E OLIO?

Wenn ein Lieblingsessen aus wenigen Zutaten besteht, dann braucht es besondere Hingabe bei der Zubereitung. Kleine Unkonzentriertheiten können da große Wirkung haben. Ich weiß, wovon ich spreche, denn lange scheiterte ich immer wieder mal an Spaghetti aglio e olio. Bis mir der Tipp eines italophilen Kollegen weiterhalf: tranquillo.

Wir nehmen je Esser 1–2 Knoblauchzehen mindestens, aber nicht mehr als 4 – und alle ohne grünen Keim. Das Öl: pro Portion 2 EL vom besten, was heißt, dass es besonders rein und gut sein sollte, also Nativ extra/Extra Vergine. Dazu für 4 Leute: 2–3 rote Chilis (wer mag) und 500 g der besten Spaghetti, die wir kennen, da hier Aroma und Geschmeidigkeit zählen. Plus: Salz.

1. Die Knoblauchzehen schälen. Dazu mit der breiten Seite der Messerklinge andrücken, dann die Schale abziehen. Zehen längs halbieren, vom Keim befreien, in dünne Scheiben schneiden. Chilis waschen, entstielen, in Ringe schneiden. Werden sie zuvor längs halbiert und entkernt, sind sie milder.

2. Den Knoblauch mit dem Öl und 1 Prise Salz im kleinen Töpfchen bei minimaler Hitze 10 Minuten lang ziehen lassen. Dann Chili zugeben und zugedeckt beiseite stellen. Tranquilo also – sanft garen, statt schnell braten.

3. Jetzt die Spaghetti so kochen, wie es am Kapitelanfang beschrieben wird. Nach dem Abgießen mit dem Knoblauchöl in der Schüssel vermischen und salzen und pfeffern, bis es richtig nach Lieblingsessen schmeckt. Lecker: Im Öl am Ende noch 4 zerdrückte Sardellenfilets mitgaren. Und ganz am Ende 1 EL kleine Petersilienblättchen dazu. Aber keinen Parmesan!

← *Bei Spaghetti aglio e olio ein Muss: Knoblauch. Ein Kann: Chiliringe, Sardellenfilets, Petersilienblättchen.*

MIKE'S ONION-FETA-PASTA

Ein nach dem Aglio-e-olio-Prinzip kreierter Camping-Klassiker, entwickelt von Freund Michael, dem Globetrotter. Auch da gilt: Hingabe! Und tranquilo ...

Zutaten für 4 Portionen
2 weiße Zwiebeln • 100 ml Olivenöl • 500 g Spaghetti • Salz • 200 g Feta-Käse (am besten der echte vom Schaf) • schwarzer Pfeffer

Zubereitungszeit: 15 Minuten

› Die Zwiebeln schälen, fein würfeln und im Öl etwa 5 Minuten unterm Deckel sanft dünsten. Am Ende den Deckel abnehmen und die Zwiebeln leicht bräunen lassen.

› 5 l Wasser in einem großen hohen Topf aufkochen. Spaghetti und 5 TL Salz hineingeben, die Nudeln in 8–10 Minuten bissfest kochen. Den Käse nicht zu grob zerbröseln.

› Die Nudeln in ein Sieb mit einer Schüssel darunter abgießen, abtropfen lassen, Wasser weggießen. Spaghetti in der Schüssel mit Zwiebelöl und Feta mischen. Salzen, pfeffern.

Wie brat' ich ...

NUDELN IM WOK?

„Al dente" zählt bei Asia-Nudeln nicht so sehr, vor allem wenn sie stilecht mit Stäbchenhilfe aus der Schale geschlürft werden. Also: lieber schlürfsanft statt bissfest kochen, bevor gebraten wird.

250 g Eier- oder Reisnudeln reichen für 4 Leute. Plus 400 g Gemüse, das schnell brät. Super fix braten Chinakohl, Spinat, Sprossen und Pilze, noch schnell genug braten Auberginen, Kürbis, Paprika, Spargel, Zuckerschoten. Fürs Aroma: Knoblauch (2–4 Zehen), Frühlingszwiebeln (2), nach Gusto frischer Ingwer (2–3 cm) oder Chilis (2–4). Fürs Finish: Soja-, Fisch- oder Austernsauce (zum Salzen), Zitrussaft (fürs Säuern), Reiswein (zum Süßen) und Brühe (um die Sauce zu strecken). Und dann noch gut 2 EL Öl.

1. Als erstes werden Nudeln gekocht – salzlos und so lange, wie es auf der Packung steht. Dann Nudeln abgießen und abbrausen, bis sie kalt sind. Nach dem Abtropfen mit etwa 1 TL Öl vermischen, damit sie nicht kleben.

2. Und jetzt: Gemüse vorbereiten. Zuerst waschen, schälen, putzen. Dann so dünn und gleichmäßig schneiden, dass es schnell und jede Sorte zugleich gar wird, dazu so groß, dass man es noch schön erkennen kann. Knoblauch und Ingwer klein würfeln, Frühlingszwiebeln in Ringe schneiden, Chilis längs halbieren und mit (schärfer) oder ohne Kerne in feine Streifen schneiden.

3. Wok heiß machen. 1 EL Öl darin schwenken, abgießen. Für 1–2 Portionen (bei mehr wird das Braten zum Kochen) Knoblauch, Zwiebeln, Ingwer, Chili unter Rühren 30 Sekunden im übrigen Öl braten. Jetzt das schnelle Gemüse 1–2 Minuten braten und rühren, bis es fast gar ist. Fixe Gemüse dazugeben. Noch 1 Minute, dann bei kleinerer Hitze die Nudeln 1 Minute mitbraten. Nun die Flüssigkeit: Pro Portion können es 1–2 EL (damit brät es würzig weiter) bis 5 EL zum Dünsten sein. Noch 1 Minute garen und in Schalen füllen.

SCHINKENNUDELN

Wenn gar nichts geht, gehen die immer: schnell, simpel und gut. Am besten werden sie mit Nudelresten. Daher auch ein Ein-Personen-Rezept, das je nach Restemenge vervielfacht werden kann.

Zutaten für 1 Portion
1 große Scheibe gekochter Schinken • 1 EL Butter • 2 Hand voll gekochte Nudeln (am besten klein und kompakt, z. B. Hörnchen oder Spiralen) • 1 EL Schnittlauchröllchen • Salz • weißer Pfeffer • 1 Ei

Zubereitungszeit: 15 Minuten

› Den Schinken längs in 1 cm breite Streifen, dann quer in ebenso große Stücke teilen. Eine große beschichtete Pfanne mittelheiß machen und die Butter darin schmelzen lassen. Schinken darin kurz (keine Minute) nicht zu trocken braten. Gekochte Nudeln dazugeben und 1–2 Minuten unter Rühren braten, bis sie heiß sind. Nun kommen Schnittlauch, Salz und Pfeffer dazu.

› Jetzt das Ei darüber schlagen und unter Rühren mit den Nudeln „verbraten", bis es gestockt ist. 1 Minute reicht da schon. Dazu gibt's: Tomatensauce (siehe ab Seite 158) oder -ketchup. Und ein Tipp, falls man keine Nudelreste hat: 100 g rohe Nudeln ergeben 2 Hände voll bzw. 300 g gekochte.

BRATFISCHNUDELN

Noch ein Resteessen, allerdings diesmal mit übrig gebliebenem Bratfischfilet. Mit anders gegartem Fisch funktioniert's aber auch.

Zutaten für 4 Portionen
500 g Spaghetti • 5 TL Salz • 200 g gebratenes Fischfilet (z. B. Seelachs, Kabeljau) • 1 Zwiebel • 50 g Räucherspeck • 2–3 Stängel frischer Estragon (1/2 TL vom getrockneten Kraut geht auch) • 4 EL Öl • 2 EL Fischsauce • 100 ml Weißwein

Zubereitungszeit: 20 Minuten

› In einem großen hohen Topf 5 l Wasser zum Kochen bringen. Die Nudeln und das Salz dazugeben und je nach Packungsaufschrift in 8–10 Minuten bissfest garen.

› Derweil das Fischfilet fein zerzupfen. Die Zwiebel schälen und wie den Speck klein würfeln. Estragon waschen und trockenschütteln, die Blättchen hacken.

› Das Öl in einer Pfanne erhitzen, Speck und Zwiebel darin zugedeckt 5 Minuten sanft braten. Ohne Deckel die Fischfiletstückchen samt Estragon bei stärkerer Hitze unter Rühren 1 Minute mitbraten. Mit der Fischsauce ablöschen und einkochen lassen (riecht jetzt nicht ganz so gut, schmeckt später aber toll). Mit dem Wein das Gleiche tun, bis der Fisch noch mal richtig brät.

› Nun sind die Nudeln fertig: Abgießen und samt einem kleinen Schluck Kochwasser mit dem „Fisch-Pesto" vermengen. Fertig!

HANSELNUDELN

Und noch ein Pfannennudelrezept aus der Reihe „bemerkenswert merkwürdig". Entwickelt von Frau Hansel in Kochnot, ideal für kleine wie große Spinatverweigerer und der perfekte Übergang zum Nudelauflauf auf der nächsten Seite.

Zutaten für 4 Portionen

250 g Spiralnudeln • Salz • 2 EL Butter • 100 g tiefgekühlter Rahmspinat • 100 g Gouda oder Emmentaler in Scheiben

Zubereitungszeit: 25 Minuten

› In einem großen Topf 3 l Wasser zum Kochen bringen. Die Nudeln und 3 TL Salz dazugeben und in 8–10 Minuten gerade bissfest garen, dann abgießen.

› Inzwischen in einer Pfanne, zu der es einen Deckel gibt, die Butter zerlaufen lassen. Den gefrorenen Rahmspinat darin zugedeckt bei Mittelhitze auftauen und heiß werden lassen.

› Den Deckel abnehmen, die Nudeln dazugeben und 1 Minute mit dem Spinat unter Rühren dünsten. Vom Käse die Rinde entfernen und die Scheiben auf die Nudeln legen, sodass sie ganz abgedeckt sind.

› Jetzt den Deckel wieder draufsetzen und die Hanselnudeln bei kleiner Hitze noch gute 5 Minuten auf dem Herd stehen lassen. Dann ist der Käse schön geschmolzen und die Nudeln lassen sich in großen Stücken mit dem Pfannenwender verteilen.

Wie mach' ich …

EINEN NUDELAUFLAUF?

Richtig viel kann beim Auflauf nicht schiefgehen. Richtig schön ist es, wenn er richtig gut wird: innen saftig, oben knusprig. So geht das:

Da im Auflauf neben Nudeln noch viel mehr steckt, reichen 250 g kompakte Eiernudeln wie Spiral- oder Hörnchennudeln oder kurze Makkaroni. Dazu kommen 200–300 g Gemüse: 1 Hand voll Kirschtomaten, der Rest kann Lauch, Paprika, Zucchini, TK-Erbsen und anderes sein. Für Würze und Schmelz sorgen 200 g Schinken- oder Salamischeiben und 200 g Käse wie Gouda oder Emmentaler. Gebunden wird mit 3 Eiern und 150 g Milch(produkten) – halb Sahne, halb Milch oder 100 ml Milch mit 50 g Crème fraîche oder Mascarpone. Stets dabei: Salz, Pfeffer, Butter.

1. Und wieder einmal: Nudeln bissfest kochen, abgießen und abbrausen, bis sie lauwarm sind – wie am Anfang des Kapitels beschrieben. Derweil das frische Gemüse waschen, putzen und schneiden – die Tomaten halbieren, anderes in nicht zu große Stücke teilen. (Eventuelle Dosenware abtropfen lassen.) Schinkenscheiben in 1 cm breite Streifen, Salamischeiben in Viertel schneiden. Den Käse grob reiben.

2. Den Ofen auf 180 °C vorheizen, bei Umluft 160 °C nehmen. Eier mit den Milch(produkten) und 150 g Käse verrühren, salzen und pfeffern. Eine Auflaufform ausbuttern und alle Zutaten außer dem Käserest darin vermengen.

3. Jetzt die Form in den Ofen (Mitte) schieben, ein paar Stückchen Butter auf dem Auflauf verteilen, 30 Minuten garen. Nun die Hitze auf 200 °C stellen (Umluft 180 °C), übrigen Käse aufstreuen, 10 Minuten weiterbacken. Auflauf aus dem Ofen holen, 5 Minuten stehen lassen. Saftig. Knusprig. Fertig.

↑ *Kleiner Hausrat für Asia-Köche.*

↓ *Asian-Noodle-Pudding: Auflauf aus der Schale.*

ASIAN-NOODLE-PUDDING

Zutaten für 4 Portionen
250 g Asia-Eiernudeln (für den Wok) • Salz • 350 g tiefgekühlte rohe Garnelen (bereits aufgetaut) • 4 EL Sojasauce • 1 EL rote Currypaste • 1/2 Salatgurke • 1 Bund Koriander • 1 Knoblauchzehe • 1 Stück frischer Ingwer (etwa 1 cm) • 4 Eier • 1/8 l Kokosmilch • 2 EL Öl • 4 EL Kokoschips (Kokosraspel gehen auch)

Zubereitungszeit: 20 Minuten (+ 40 Minuten Garen)

› Nudeln in Salzwasser nach Packungsaufschrift bissfest garen, abgießen, kalt abbrausen. Ofen auf 180 °C (Umluft 160 °C) vorheizen. Garnelen putzen (Seite 144), mit Sojasauce und Currypaste mischen. Die Gurke waschen, längs vierteln, quer in Scheiben schneiden. Koriander abbrausen, trockenschütteln, grob hacken. Knoblauch und Ingwer schälen, reiben. Alles mit Eiern und Kokosmilch verrühren.

› Ofenfeste Suppenschalen mit 1 EL Öl fetten, Nudelmischung hineingeben. Die Kokoschips mit übrigem Öl mischen, drüberstreuen. Für 30–40 Minuten in den Ofen (Mitte) schieben.

Wie koch' ich …

REIS?

Genauer gefragt: Wie koch' ich ganz normalen Langkornreis? In kaltem Wasser aufsetzen oder in heißem? Kochen oder quellen lassen? Es gibt ein orientalisches Wunder, das all diese Fragen überflüssig macht und nur ein wenig Kochvertrauen braucht. Es heißt: Pilawreis.

Waage und Litermaß sind hier unnötig. Für 4 Personen rechnet man als Beilage 2 Kaffeetassen Reis, das sind etwa 350 g. Reissorte: normaler Langkornreis (also kein klebender Duft-Reis oder kurz garender Basmati), am besten „parboiled", weil der noch am meisten vom Guten des Korns in sich hat. Dazu kommen dann 3 Kaffeetassen Flüssigkeit: Wasser, Brühe und/oder ein Fond – ingesamt sind das etwa 600 ml. Plus: Öl zum Anbraten, denn das ist wichtig bei dieser Reiskochmethode – je Reistasse 1 EL. Und Salz.

1. In einem nicht zu weiten Topf das Öl auf mittlerer Stufe erhitzen und den Reis darin unter Rühren anbraten, bis er durchsichtig wirkt – „glasig" sagt der Profi. Die Flüssigkeit dazugießen, leicht salzen und alles aufkochen. War die Flüssigkeit heiß, geht das schneller. Nicht rühren! Hitze reduzieren.

2. Nun den Deckel auf den Topf legen und den Reis 10 Minuten sanft kochen lassen. Immer noch ohne zu rühren! Gegen Ende den Deckel hochheben und das erste Wunder erleben: Die Flüssigkeit ist verschwunden, von der Oberfläche des Reis führen „Schlote" nach unten, aus denen es dampft.

3. Deckel wieder auflegen, Herd ausschalten. Wer kein Gas hat, hat es gut. Dann kann der Reis auf der noch warmen E-Kochplatte in 10 Minuten fertig quellen. Beim Gasherd kommt der Topf bei 100 °C in den Ofen – außer wenn nur 1 Tasse Reis gekocht wird, für die reicht die Restwärme im Topf. So oder so folgt am Ende das zweite Wunder: Den gegarten Reis mit der Gabel durchrühren, und schon ist er so locker, wie er es im Kochbeutel nie werden kann.

PILAW MIT KRÄUTERFISCH

Noch ein Koch-Phänomen aus dem Orient: Fisch, Fleisch oder Gemüse im Dampf von Couscous oder Reis mitgaren.

Zutaten für 4 Portionen
2 Knoblauchzehen • 1 Bund Dill • 1 Bund Petersilie • 1 Limette • 6 EL Olivenöl • 400 g helles Fischfilet (z. B. Kabeljau, Viktoriabarsch) • 2 Tassen normaler Langkornreis (parboiled, 350 g) • Salz • 3 Tassen Geflügelbrühe (600 ml) • Pfeffer

Zubereitungszeit: 45 Minuten

› Knoblauchzehen schälen und klein würfeln. Die Kräuter waschen, trockenschütteln und fein schneiden. Die Limette heiß waschen und trockenrubbeln, dann die Schale fein abreiben und den Saft auspressen. Dies alles mit 4 EL Öl verrühren.

› Das Fischfilet in etwa 4 cm große Stücke schneiden und mit der Marinade vermengen. Für gute 15 Minuten bei Zimmertemperatur ziehen lassen.

› Derweil übriges Öl in einem nicht zu weiten Topf heiß werden lassen und den Reis darin bei mittlerer Hitze in 1 Minute glasig braten. Salzen und mit Brühe aufgießen. Den Deckel auflegen, Hitze reduzieren und den Reis ohne Rühren 10 Minuten sanft köcheln lassen.

› Nun sollte fast alle Flüssigkeit verkocht sein und die Oberfläche vom Reis kleine „Schornsteine" haben (sonst noch kurz weitergaren). Den Fisch mit Salz und Pfeffer würzen und samt Marinade auf den Reis geben. Deckel wieder auf den Topf legen und alles noch weitere 10 Minuten auf dem Herd oder im Ofen (siehe Seite 56, Punkt 3) ziehen lassen.

› Jetzt ganz behutsam mit einer Gabel den Fisch unter den sich beim Rühren lockernden Reis mengen und zu Tisch bringen.

JUWELENREIS

Hier werden alle Zutaten auf einmal gekocht, was dem Reis Würze gibt. Wem der Einkaufszettel zu kompliziert ist – nur Mut, es lohnt sich. Sonst erst den Einkaufsrat rechts lesen.

Zutaten für 4 Portionen
2 Tassen Basmati-Reis (350 g) • 1 Zwiebel • 1 Knoblauchzehe • 1 Döschen oder Briefchen Safranfäden oder -pulver (0,1 g) • 50 g Pinienkerne • 50 g Pistazienkerne • 1 TL Mohnsamen • 50 g Korinthen (das sind die kleinen dunklen Rosinen) • 2 EL Öl • Salz • 1 Stück Zimtstange (5 cm) • 1 kleines Bund Minze (zur Not geht auch Petersilie) • 1 Granatapfel

Zubereitungszeit: 40 Minuten

↓ *Pinienkerne, Pistazien und Korinthen sind nur drei der edlen Stücke, die Juwelenreis so wertvoll machen.*

› Reis im Sieb mit kaltem Wasser abbrausen, bis es klar abläuft. Gut abtropfen lassen. Die Zwiebel und den Knoblauch schälen und fein würfeln. Safran mit 1 EL Wasser verrühren.

› Zwiebel, Knoblauch, Kerne, Mohn und die Korinthen im nicht zu weiten Topf im heißen Öl etwa 5 Minuten bei mittlerer Hitze unter Rühren anbraten. Den Reis kurz mitbraten und mit 2 Tassen Wasser (400 ml) aufgießen. Salzen, Zimt und Safran zugeben und zugedeckt bei kleiner Hitze 5 Minuten garen, bis das Wasser aufgesogen ist. Die Platte ausschalten, den Reis 10 Minuten quellen lassen.

› Minze waschen, trockenschütteln und grob hacken. Granatapfel halbieren und die Kerne herauslösen. Zimt aus dem Reis nehmen, den Reis kegelförmig anrichten. Mit der Minze und den Granatapfelkernen bestreuen.

Einkaufsrat: Die Zutaten sind zwar nicht alltäglich, aber beim guten Türken oder Supermarkt erhältlich. Sonst: Statt Basmati-Reis üblichen Langkornreis kaufen, 3 Tassen Wasser nehmen und je 10 Minuten garen und quellen lassen. Statt Pinien- und Pistazienkernen gehen auch Mandelstifte. Und Traubenhälften statt Granatapfelkernen. Mohn muss nicht sein.

Wie koch' ich ...

EINEN RISOTTO?

Nirgendwo wird mehr aus dem Reiskorn geholt als beim Risotto. Und keiner verleiht Reis mehr Adel als der gute Risotto-Koch.

Dafür nimmt er Rundkornreis, der beim Garen Stärke abgibt, und so jenen glänzenden Schmelz erzeugt, den wir alle unglaublich lieben. Zur Auswahl stehen: Arborio-, Vialone- und (selten) der edle Carnaroli-Reis. Da sollte man ausprobieren und dann bei seiner Lieblingssorte von einem Hersteller bleiben. Grundsätzlich brauchen wir für 4–6 Teller zum Sattwerden: 1/2 Päckchen Butter (125 g) + 5 EL extra (rund 50 g), 1 Zwiebel, 500 g Risotto-Reis, 1,5–1,7 l Brühe vom Rind, Kalb, Huhn, Fisch oder Gemüse, 1 Gläschen Weißwein (150 ml). Plus: 50 g frisch geriebenen Parmesan.

1. Los geht es mit dem „sofritto“, dem Ansatz aus 125 g schäumender Butter und klein gewürfelter Zwiebel, die unterm Deckel bei kleiner Hitze 5 Minuten dünstet. (Wer möchte, kann dazu noch mit anderem fein geschnittenen Gemüse dem Risotto die Richtung geben: mit Erbsen, Fenchel, Lauch, Rüben oder Spargel etwa.) Dann kommt der Reis dazu, der ohne Deckel unter Rühren 5 Minuten glasig gebraten wird.

2. Derweil die Brühe aufkochen, damit sie heiß an den Reis kommt und alles gleich wieder kocht. Aber erst mit Wein aufgießen und unter Rühren einkochen lassen. Nun den Reis knapp mit der jetzt heißen Brühe bedecken und bei mittlerer Hitze langsam einkochen lassen. Und rühren! Dies so oft wiederholen, bis das Korn kurz vorm Ideal steht, also fast den typisch samtigen Biss bei festem Kern hat. Das ist nach frühestens 20 Minuten so weit.

3. Jetzt noch einen Schöpfer Brühe dazurühren, sodass der Risotto schön suppig bis cremig bleibt. Aufkochen, vom Herd ziehen, übrige Butter und den Käse untermengen. 2 Minuten unterm Deckel ziehen lassen (wichtig fürs Aroma) – dann auf warme tiefe Teller verteilen. Dazu: mehr Parmesan.

↓ *Alle schnell essen kommen – es gibt Risotto alla milanese, und der schmeckt frisch gekocht am besten.*

RISOTTO ALLA MILANESE

Risotto ist das Beste, was Reis passieren kann. Und dieser ist der beste Risotto, den ich kenne. Ich habe ihn zum ersten Mal bei meiner Tante gegessen, die 10 Jahre bei Mailand gelebt und gekocht hat. Hier ihr Rezept.

Zutaten für 4–6 Portionen
3 Döschen oder Briefchen Safranfäden (je 0,1 g) • 1 1/2 l Kalbsfond (aus dem Glas, Rinderbrühe geht auch) • 1 große Zwiebel • 50 g Rindermark (muss sein) • 150 g Butter • 500 g Risotto-Reis • 150 ml Weißwein • 70 g frisch geriebener Parmesan

Zubereitungszeit: 1 Stunde

› Safran in 4 EL Fond einweichen, übrigen Fond erhitzen. Zwiebel schälen und würfeln. Das Mark würfeln und in 3 EL Butter auslassen. Dann das Fett durch ein Sieb in einen Topf gießen, mit 100 g Butter bei mittlerer Hitze aufschäumen lassen und die Zwiebel darin zugedeckt 5 Minuten dünsten. Den Reis darin in 5 Minuten glasig braten.

› Den Reis mit Wein ablöschen und unter Rühren einkochen lassen. Nun immer wieder mit Fond bedecken und unter Rühren einkochen lassen, bis der Reis nach 20–25 Minuten fast bissfest ist. Noch mal Brühe samt dem Safran einrühren und aufkochen. Vom Herd ziehen, restliche Butter mit Parmesan einrühren und 2 Minuten quellen lassen.

GURKEN-RISOTTO FAST OHNE RÜHREN

Wenn man seinen Lieblings-Risotto-Reis gefunden und gut kennen gelernt hat (siehe Seite 60), kann man langsam damit anfangen, Risotto (fast) ohne Rühren zu kochen. Eigentlich bereite ich ihn inzwischen fast nur so zu und meine fast italienische Tante auch, weil es praktischer ist und der Risotto genauso gut wird. Ganz besonders mit einer erfrischenden Gurke drin – ein Klassiker daheim.

Zutaten für 4–6 Portionen
1 weiße Zwiebel • 1 Salatgurke • 1 3/4 l Gemüsebrühe • 8 EL Olivenöl • 500 g Risotto-Reis • 1/8 l Weißwein • Salz • 50 g Sahne • 50 g frisch geriebener Parmesan

Zubereitungszeit: 1 Stunde

› Die Zwiebel schälen und in kleine Würfel schneiden. Die Gurke waschen und schälen, die Schalen mit der Gemüsebrühe bei starker Hitze aufkochen und dann 10 Minuten bei geringer Temperatur ziehen lassen. Derweil die Gurke längs vierteln und dann quer in 1 cm dicke Scheiben schneiden.

› Das Öl in einem großen weiten Topf sanft erhitzen und die Zwiebel dazugeben. Deckel drauf und 5 Minuten dünsten lassen. Jetzt die Hitze auf mittlere Stufe schalten, die Gurke unterrühren und 1 Minute dünsten lassen. Dann den Reis dazugeben und noch mal 5 Minuten dünsten, bis die Körner langsam glasig werden.

› Wein zur heißen Brühe gießen und alles durch ein Sieb zum Reis schütten. Salzen, kurz mit dem Kochlöffel über den Topfboden fahren, damit nichts hängt, und den Deckel auflegen. Nun den Reis 15–20 Minuten bei sanfter Hitze köcheln lassen. Aber nicht rühren! Denn fängt man einmal an, muss man immer weiter machen (siehe Seiten zuvor).

› Am Ende sollte der Risotto noch suppig sein und das Korn Biss haben. Die Sahne und den Käse dazugeben und erst jetzt: rühren, rühren, rühren. 2 Minuten lang, bis ein herrlich cremiger Risotto entstanden ist. Deckel drauf und 2 Minuten neben dem Herd stehen lassen. Und dann gleich essen!

RISOTTO ROSMARINA

Langes Stehen macht Risotto pampig. Ganz langes Stehen über Nacht macht ihn ideal für dieses Restegericht, erfunden auf einem von Rosmarin umwucherten Campingplatz in der italienischen Maremma. Es funktioniert auch bestens zu Hause und ohne Camping-Gasgrill. Und es schmeckt sehr gut mit dem Gurken-Risotto vom Vortag.

↓ *Wer Risotto mag, mag dieses Resteessen für den nächsten Tag erst recht: Risotto rosmarina.*

Zutaten für 4 Portionen
2 Knoblauchzehen • 6 Sardellenfilets in Öl • 2–3 Zweige Rosmarin (mit möglichst viel Sonne drin) • 4 EL Öl von den Sardellen • rund 4 Portionen Risotto vom Vortag • 40 g frisch geriebener Parmesan (oder noch besser Pecorino)

Zubereitungszeit: 30 Minuten

› Knoblauch schälen und fein hacken. Die Sardellenfilets mit der Gabel zerdrücken. Rosmarin waschen und trockenschütteln, die Nadeln von den Zweigen streifen, hacken. Öl in einer großen ofenfesten Pfanne erhitzen und Knoblauch, Sardellen und Rosmarin darin sanft 5 Minuten schmurgeln lassen.

› Die Hitze auf mittlere Temperatur hoch schalten. Den Risotto in der Pfanne verteilen, den Parmesan (oder noch besser Pecorino) darüber streuen und alles vermengen. Unter öfterem Wenden 5 Minuten braten, dann den Reis glatt streichen. Deckel auf die Pfanne legen und den Risotto etwa 5 Minuten braten lassen, bis er von unten schön gebräunt ist.

› Nun den Backofengrill einschalten und die Pfanne auf der zweiten Schiene von oben darunter schieben, bis der Reis auch von oben schön gebräunt ist. Je nach Stärke des Grills dauert das 5 Minuten und länger. Schmeckt gut mit Tomatensalat.

MIT KARTOFFELN

Kartoffeln dürfen dreckig sein, denn die Erde hält sie frisch. Deswegen werden sie auch erst kurz vor dem Kochen gewaschen. Und dann noch mal nach dem Schälen, weil bei dem immer etwas Schmutz an die Knolle kommt. Wie das aber nun genau mit dem Waschen, Schälen und Kochen ist, das steht auf der nächsten Seite.

Wie koch' ich …

SALZKARTOFFELN?

Sie sind die stillen Begleiter des Freitagsfischs und die ideale Ergänzung zum Gulasch, dessen Saft sie so gierig aufsaugen wie das Salz im Kochwasser. Wobei in dem auch mehr drin sein kann.

Was bei der Kartoffel zählt, ist die „Kocheigenschaft", die auf Tüte oder Schild steht. „Fest kochende" garen stabil, saftig, speckig, was gut für Salate und zum Braten ist. „Mehlig kochende" werden locker und trocken, sodass sie speziell für Massen (Püree, Knödel) taugen. Ideal für Auflauf, Suppe, Salzkartoffel ist die große vielseitige Gruppe der „vorwiegend fest kochenden": stabil, aber trotzdem mehlig genug. Für 4 Esser braucht's 600 g. Plus: Salz.

1. Gewaschen werden sie unterm warmen Wasserstrahl, was die Erde gut löst. Reste können abgebürstet werden. Zum Schälen nehme ich einen Pendelschäler (Seite 15), der an der Seite einen Dorn zum Entfernen der „Augen" hat. Die Knolle rundum spiralförmig wie einen Apfel oder der Länge nach wie eine Birne schälen. Grüne Stellen wegschneiden, „Augen" ausstechen, Knollen kalt waschen. Kleine kommen so in den Topf, größere halbieren oder vierteln.

2. Die Kartoffeln salzen (1/2 TL aufs Pfund), mit lauwarmem Wasser bedecken und zugedeckt bei starker Hitze aufkochen. Deckel schräg auflegen, bei kleiner Hitze 10–15 Minuten weiterkochen lassen. Nun prüfen, ob die Knollen gar sind: ein kleines Messer hineinstechen. Trifft es auf starken Widerstand, wird weitergekocht. Ist er gering, sind die Kartoffeln fertig.

3. Zum Abgießen über den schräg gelegten Deckel ein Handtuch legen, damit die Henkel fassen und durch den Spalt das Wasser gießen. Kartoffeln offen im Topf auf ausgeschalteter E-Platte oder kleiner Gasflamme 1 Minute ausdampfen lassen, damit sie nicht wässrig sind. Tipp: Kräuter (Lorbeer, Rosmarin) und Aromen (Knoblauch, Ingwer) im Sud machen Salzkartoffeln zur Delikatesse.

↓ *An heißen Tagen wird „La Brühkartoffel" mittags gekocht und kommt dann bis zum Abend auf die Kommode.*

„LA BRÜHKARTOFFEL"

Zutaten für 4 Portionen
3 Hand voll Blattspinat (ersatzweise 150 g tiefgekühlter) • gut 300 g Strauchtomaten • 1/2 unbehandelte Zitrone • 700 g vorwiegend fest kochende Kartoffeln (nicht zu groß) • 3 Knoblauchzehen • 2 Zweige Rosmarin • 2 Lorbeerblätter • Salz • 3/4 l Geflügelbrühe • Pfeffer • frisch geriebener Parmesan nach Gusto

Zubereitungszeit: 45 Minuten

› Den Spinat gründlich waschen und abtropfen lassen. Stiele abzwicken und Welkes wegwerfen. (TK-Spinat auftauen lassen.) Tomaten waschen, entstielen und vierteln. Zitrone heiß waschen und die Schale fein abreiben, Saft auspressen. Nun alles mischen.

› Die Kartoffeln gründlich waschen, je nach Größe halbieren oder vierteln und in einen Topf geben. Den Knoblauch schälen und die Kräuter waschen, auch in den Topf damit. 1/2 TL Salz dazu und die Brühe.

› Aufkochen, 10–15 Minuten bei kleiner Hitze köcheln lassen. Die Spinatmischung einrühren und 1 Minute ziehen lassen. Gleich servieren – oder erst einige Stunden in der Terrine ziehen lassen und dann zimmerwarm genießen. Im Teller noch Pfeffer und Parmesan nach Gusto darüber reiben. Magnifico!

Wie koch' ich ...

PELLKARTOFFELN?

Wer Kartoffeln mag, liebt Pellkartoffeln. Denn die behalten ihren Geschmack bestens unter der Schale, in der sie gekocht werden.

Es gibt drei Gründe, Pellkartoffeln zu kochen. Grund Nr. 1 ist der pure Genuss: die frisch geschälte Aromaknolle schmeckt mit Butter und Salz aus der Hand oder in Kräuterbutter geschwenkt als Beilage. Dazu sind vorwiegend fest kochende Sorten ideal. Grund Nr. 2 fürs Garen in Schale: Die Kartoffeln sollen nicht wässrig werden, was für kompakte Salate oder knusprige Bratkartoffeln (aus fest kochenden Sorten) wichtig ist. Und fürs Binden von Massen (z. B. für Knödel) aus mehligen – womit wir bei Grund Nr. 3 wären.

1. Erde konserviert die Kartoffel, doch vorm Kochen muss sie weg. Dazu die Kartoffeln in warmem Wasser waschen und schrubben, ohne die Schale zu zerstören. Dann die Knollen in ein, zwei Lagen in einen großen Topf geben. Bei verschiedener Größe die Kleinen nach oben legen, denn dort garen sie langsamer als unten und werden gleichzeit mit den großen fertig. Nun 1 TL Salz und so viel warmes Wasser dazu, dass sie knapp damit bedeckt sind.

2. Das wird zugedeckt flott aufgekocht. Dann den Deckel schräg auflegen und die Kartoffeln bei mittlerer Hitze 20–25 Minuten kochen lassen. Jetzt die Garprobe machen: Wenn ein kleines Messer beim Reinstechen nur noch etwas Widerstand hat, sind sie als Beilagenkartoffel fertig. Zum Braten und für Salat können sie etwas früher raus, damit sie besser halten.

3. Sind sie gar, werden sie abgegossen und kommen zum Ausdampfen auf den Herd – wie bei den Salzkartoffeln auf Seite 66. Jetzt die Knollen für höchstens 30 Sekunden mit kaltem Wasser abschrecken, aufgabeln und mit einem kleinen Messer die Schale abziehen. Das geht am besten, wenn sie noch heiß sind. Für Bratkartoffeln und Kartoffelsalat macht man das trotzdem erst nach dem völligen Auskühlen, da sie so kompakter bleiben.

Wie koch' ich …

KARTOFFELPÜREE?

Es ist ein schönes Gefühl, etwas selbst zu kochen. Ganz besonders, wenn man sich das auch schnell aus Tüte oder Dose machen könnte. Die Belohnung für die kleine Rebellion gegen die große Industrie: ein gutes Gewissen und besserer Geschmack.

Selbst gekochtes Kartoffelpüree ist so ein Win-Win-Essen. Am besten funktioniert es mit mehligen Kartoffeln, die locker kochen und gut binden. Vorwiegend fest kochende gehen aber auch, wenn sie ein richtig feines intensives Aroma haben. Für 4 Beilagen-Portionen brauchen wir: 700 g Kartoffeln, rund 200 ml Milch und 2 EL Butter.

1. Die Kartoffeln wie für Salzkartoffeln (Seite 66) schälen und kochen. Nach etwa 20 Minuten sind sie weich. (Schneidet man sie klein, geht das Garen schneller, aber sie werden wässrig.) Dann das Wasser abgießen und die Kartoffeln 1 Minute auf der ausgeschalteten Herdplatte oder der kleinsten Gasflamme ausdampfen lassen. Derweil die Milch erhitzen (nicht aufkochen).

2. Nun werden die Kartoffeln zerkleinert – mit einem feinen Kartoffelstampfer oder der Kartoffelpresse. Aber nie mit dem Pürierstab, das macht sie zäh wie Knete. Gilt übrigens auch bei Kartoffelsuppen! Anschließend im Topf bei kleinster Hitze zurück auf den Herd stellen.

3. Jetzt kommt die Milch. Erst mal gießen wir die Hälfte dazu und rühren sie mit dem Kochlöffel langsam und dann kräftiger darunter. Dann nach und nach so viel Milch unterrühren, bis die Masse nicht mehr fest und noch nicht suppig ist, sondern ein fluffiges Püree mit weichen Spitzen und Tälern. Nun fehlt noch das fette Finish. Für feines Püree die kalte Butter nach und nach mit dem Schneebesen drunterschlagen. Deftiger wird es, wenn die Butter heiß und gebräunt ist (vielleicht mit gerösteten Zwiebelwürfeln darin).

LOMPEMOIS DE LUXE

Ach, was kann man Tolles mit Püree machen: Sellerie und andere Gemüse mit den Kartoffeln kochen und stampfen; statt Milch Sahne oder Brühe verwenden und statt Butter gutes Öl, worin man Zwiebel, Lauch, Speck oder hauchdünne Kartoffelscheiben fürs Garnieren braten kann. Oder wir machen Lompemois (hessisch für Lumpenmus): Stampfkartoffeln (Mus) mit Blattsalat (Lumpen), Deutschlands Antwort aufs Risotto. Geht auch auf die feine Art: mit Krabben.

Zutaten für 4 Portionen
1,2 kg vorwiegend fest kochende Kartoffeln • Salz • 4 Frühlingszwiebeln • 4 EL Weißweinessig • 4 EL scharfer Senf • 1/8 l Nuss- oder Olivenöl • Pfeffer • 1 Prise Zucker • 200 g gegarte geschälte Nordseekrabben • 2 Hände voll Blätter vom Endivien- oder Romana-Salat

Zubereitungszeit: 30 Minuten

› Kartoffeln waschen, schälen, in Viertel oder Achtel schneiden und in Salzwasser in 10–15 Minuten bissfest kochen. Derweil die Frühlingszwiebeln waschen, putzen und in Ringe schneiden. Diese mit Essig, Senf und Öl verrühren und das Dressing mit Salz, Pfeffer und Zucker abschmecken. Die Krabben dazugeben. Den Salat waschen, trockenschleudern, zerzupfen.

› Sind die Kartoffeln fertig, abgießen und 1 Minute ohne Deckel ausdampfen lassen. Anschließend grob zerstampfen, die Krabben samt Dressing und Salat darunter mischen und gleich servieren.

← *Wer sein Kartoffelpüree ganz fein mag, nimmt wie oben die Presse dafür, ansonsten tut es auch der Stampfer, der für Lompemois de luxe Pflicht ist.*

Wie mach' ich …

KARTOFFELKNÖDEL?

Gleich noch ein Erfolgsrezept für Tüten-Ignoranten. Wer sie einmal gemacht hat, erkennt im Gasthaus jeden Fertigknödel von weitem.

Gut, die Zubereitung dauert etwas. Aber Knödel gibt es ja oft zu großen Braten, und die lassen einem genug Zeit zum Selbermachen. Wir brauchen für 8 Knödel: 1 kg mehlige bis vorwiegend fest kochende und gleichmäßig große Kartoffeln. Dann je 80 g Mehl, Grieß und Speisestärke, dazu 1–2 Eier. Und für die klassische Füllung: 2 Scheiben Toast, 4 EL Butter. Plus: Salz.

1. Einen Tag zuvor werden die Kartoffeln in der Schale in Salzwasser in 20–25 Minuten bissfest gekocht. Sie werden dann heiß gepellt. Nun aufs Blech damit, ein Tuch darüber und bis zum nächsten Tag stehen lassen.

2. Jetzt im großen Topf 4–5 l Salzwasser aufkochen, in das später die Knödel kommen. Derweil die Kartoffeln in eine Schüssel reiben. Darüber Mehl, Grieß und Stärke streuen und locker mit den Fingern unterarbeiten – „verwirbeln". Jetzt 1 Ei untermengen. Zur Probe einen kleinen Knödel formen, der 5 Minuten im Salzwasser sieden muss. Wird er schön locker? Prima. Zu fest? Das zweite Ei dazu. Zu weich? Etwas mehr Mehl, Grieß und Stärke.

3. Passt alles, wird gerollt. Hierfür den Teig mit Mehl an den Händen und auf der Arbeitsfläche zur 6 cm dicken Rolle formen. Diese in 8 gleich große Scheiben teilen, auf die die Füllung kommt (hier die klein gewürfelten und in Butter gerösteten Toastscheiben). Nun den Teig zusammenklappen, grob zum Knödel formen und diesen mit leichtem Druck zwischen den angefeuchteten, sich gegeneinander drehenden Händen glatt rollen.

4. Die Knödel ins Wasser geben. Hitze auf mittlere Stufe stellen, Knödel 20 Minuten ziehen lassen. In eine angewärmte Schüssel eine umgedrehte Untertasse legen, Knödel darüber verteilen – so kleben sie nicht zusammen.

↓ *Aus kleinen Kissen werden Wonnekugeln: Gnocchi mit Käse, hier mit Butter, Thymian, Parmesan vollendet.*

GNOCCHI MIT KÄSE

Zutaten für 4 Portionen
1 kg mehlig kochende Kartoffeln • Salz • 150 g Mehl • 100 g Hartweizengrieß • 250 g Käse mit Schmelz und Aroma (italienischer Fontina, Gorgonzola, guter Gouda)

Zubereitungszeit: 45 Minuten
(+ 45 Minuten Garen)

› Die Kartoffeln waschen und in der Schale in Salzwasser in 25–30 Minuten gar kochen. Noch heiß pellen, durch die Kartoffelpresse drücken. Dann so viel Mehl und Grieß unterkneten (das ist je nach Kartoffelsorte und -reife verschieden), bis ein trockener, gut formbarer Teig entsteht. Salzwasser aufkochen und den Knödel-Test machen (siehe Seite 72).

› Auf der bemehlten Arbeitsfläche den Teig zu 3 cm dicken Rollen formen und in etwa daumendicke Stücke schneiden, diese etwas flacher drücken. Käse klein würfeln, darauf legen, Teig darum formen. Dann abrollen wie die Knödel. Gnocchi im Wasser bei kleiner Hitze 15 Minuten ziehen lassen. Mit flüssiger Butter, Thymian und Parmesan servieren.

Wie mach' ich ...

BRATKARTOFFELN?

Bratkartoffeln sind ein Zen-Gericht. Man braucht für ihr Gelingen das rechte Maß, also eine nicht zu volle Pfanne, und Langmut – den Mut, sie von Anfang an langsam in aller Ruhe vor sich hin brutzeln zu lassen.

Kann man das, wird alles gut – wenn die Kartoffeln stimmen. Für 4 Leute sind 600 g fest kochende und nicht zu große Sorten wie Sieglinde oder Bamberger Hörnchen die Richtigen zum Braten. Das geschieht in 4–5 EL heißem Öl oder Butterschmalz (Butter verbrennt!). Die Pfanne: groß und schwer, beschichtet oder pur aus Eisen, gut eingespielt. Liebhaber haben eine extra Pfanne nur für Bratkartoffeln. Plus: Salz und Pfeffer.

1. Für gute Bratkartoffeln müssen am Tag vorher Pellkartoffeln gekocht werden (das steht auf Seite 69), die sich dann in der Schale über Nacht an einem kühlen Ort für ihren Auftritt sammeln. Am nächsten Tag werden sie kurz vorm Braten geschält und in 1/2 cm dicke Scheiben geschnitten. Größere Knollen halbiert oder viertelt man am besten vorher noch.

2. Jetzt die Pfanne auf Mittelstufe erhitzen und das Fett darin heiß werden lassen. Die Kartoffelscheiben so ins Fett geben, dass sie zum Großteil alle mit der Schnittfläche darin liegen. Nicht stapeln, weil sie so schlecht bräunen, da der Dampf in den Stapeln abkühlt, zu Wasser wird und das Braten bremst. Das rechte Maß eben. Reicht die Pfanne nicht, lieber zwei nehmen.

3. Und nun Langmut: 8–10 Minuten lang den Kartoffeln beim sanften Brutzeln auf einer Seite zusehen. Kein Wenden, Schwenken, Würzen. Am Ende darf man unter die Scheiben schauen, ob's bräunt. Sodann die Kartoffeln gleichmäßig umdrehen und 5 Minuten wieder so braten. Jetzt mit Salz und Pfeffer würzen, die Hitze hochschalten und die Bratkartoffeln unter seltenem Wenden (Langmut light) in 4–5 Minuten knusprig braten.

BBQ-BRATKARTOFFELN

Das ist die XXL-Version – gebraten aus Kartoffelhälften, die in Gewürze satt gebettet sind. Sie wurden wie das Bratgemüse auf Seite 86–87 für die Barbecue-Eisenplattte erfunden, hier die Version für die große Pfanne oder das heiße Ofenblech.

Zutaten für 4 Portionen
1 kg kleine, fest kochende Kartoffeln • 4 Knoblauchzehen • 4 Lorbeerblätter • 2 TL Salz • 1 EL Currypulver • l EL edelsüßes Paprikapulver • 1 TL gemahlener Kreuzkümmel (Cumin, gibt's beim Türken) • 1/4 TL weißer Pfeffer • 1 TL gemahlener Ingwer • 6 EL Öl

Zubereitungszeit: 45 Minuten
(+ 2 Stunden Ruhe)

› Die Kartoffeln gut waschen und von der Erde reinigen, ohne dass die Schale kaputt geht. Knoblauchzehen schälen und samt Kartoffeln und Lorbeerblättern in einen großen Topf packen. 1 TL Salz darüber streuen und alles mit warmem Wasser bedecken. Aufkochen und die Kartoffeln in 15–20 Minuten nicht ganz bissfest garen.

› Derweil alle Gewürze samt dem übrigen Salz mit 5 EL Öl verrühren. Die gegarten Kartoffeln abgießen, 1 Minute im offenen Topf ausdampfen lassen. Den Knoblauch mit der Gabel auf einem Teller zerdrücken und zum Würzöl geben, die Lorbeerblätter wegschmeißen. Die heißen Kartoffeln längs halbieren und mit dem Würzöl vermischen. Für 2 Stunden in der Küche „vergessen".

› Nun auf mittlerer Stufe eine oder auch zwei große Bratpfannen heiß werden lassen (das Blech kommt bei 200 °C in den Backofen, Mitte). Restliches Öl darin erhitzen und die Kartoffelhälften mit der Schnittfläche nach unten hineinsetzen.

› Und nun wie bei den normalen Bratkartoffeln (siehe Seite 74) zuschauen, entspannen, nachdenken. Aber nicht wenden – 6–8 Minuten lang, bis die Kartoffeln von unten gebräunt sind. Nun werden sie umgedreht und braten noch mal 5 Minuten. Die Hitze höher schalten und die BBQ-Kartoffeln in 2–3 Minuten fertig braten, wobei gewendet werden darf.

ROHGERÖSTETE

Man muss Kartoffeln nicht kochen, um aus ihnen gute Bratkartoffeln zu machen. Hier ein Rezept für Kurzentschlossene.

Zutaten für 4 Portionen
600 g fest kochende Kartoffeln •
4 EL Öl • Salz • Pfeffer

Zubereitungszeit: 45 Minuten

› Die Kartoffeln waschen und schälen. Nun werden sie mit einem scharfen schmalen Messer in dünne Scheiben (5 mm sind das Maximum) geschnitten. Mit dem Gemüsehobel geht das auch, wenn dabei keine hauchdünnen Kartoffelchips entstehen.

› Nun die Kartoffelscheiben in das große Nudelsieb geben und gut mit kaltem Wasser abbrausen, damit die Stärke abgewaschen wird und so nichts in der Pfanne verklebt.

› Derweil die größte Herdplatte auf Mittelhitze bringen und eine große Pfanne darauf stellen, zu der es auch einen Deckel gibt. Darin das Öl heiß werden lassen.

› Darin werden jetzt die Kartoffelscheiben verteilt, wobei sie ruhig noch etwas nass sein sollen, denn das Wasser brauchen sie zum Vorgaren. Wichtig ist auch hier, dass sich die Kartoffeln nicht zu sehr stapeln.

› Das Ganze leicht salzen und noch einmal durchschwenken, dann kommt der Deckel darauf. Nun dünstet und dämpft es etwa 10 Minuten lang (dabei nach der Hälfte der Zeit einmal schwenken), bis die Kartoffelscheiben noch Biss und etwas Widerstand haben, wenn wir mit der Gabel reinstechen. Wasser sollte nun keines mehr dran sein.

› Dann kommt der Deckel ab und die Kartoffeln braten etwa 8 Minuten in aller Ruhe vor sich hin, bis sie einmal gewendet werden. Weitere 5 Minuten in Ruhe braten, salzen und pfeffern, dann 5 Minuten bei starker Hitze öfters wenden und fertig braten.

Wie mach' ich …

KARTOFFELPUFFER?

Ein guter Puffer braucht kein Ei. Dafür muss er sofort gegessen werden. Weswegen er ideal für Wohnküchen ist …

Was der gute Puffer aber begehrt, ist die Zwiebel. Gerade wenn's Apfelmus dazu gibt. Weil der Kontrast passt. 1 Zwiebel reicht für 1 kg Kartoffeln, die wiederum für 4 Esser reichen und mehlig bis vorwiegend fest kochend sein sollten. Außerdem: 1 TL Salz und 8 EL Öl, Pflanzenfett oder Butterschmalz. Und Apfelmus (1/2 Glas) oder -kompott (das Rezept von Seite 216).

1. Zuerst die Zwiebel schälen, dann die Kartoffeln waschen und ebenso schälen. Und nun? Mit der Hand reiben, was einem Kraft gibt, aber anstrengend werden kann (da in langen Pausen die Masse braun wird)? Lieber zur Küchenmaschine mit Reibe greifen? Wer das hat, darf das jetzt. So oder so muss es die feine Reibe sein. Damit jetzt Zwiebel und Kartoffeln zerkleinern.

2. Die feinen Raspel kommen in ein Sieb mit Schüssel drunter und werden mit den Händen ausgepresst. Dann ein Küchentuch nass machen, gut auswringen und die Hälfte der Masse hineingeben. Über der Schüssel das Tuch zum Sack eindrehen und drücken, bis keine Flüssigkeit mehr herausläuft. Nun die andere Hälfte ausdrücken. Das Kartoffelwasser 3 Minuten stehen lassen, dann vorsichtig abschütten. Von der Stärke am Schüsselboden 2 EL unter die Kartoffelraspel mischen. Salzen.

3. Eine große schwere Pfanne erhitzen, 4 EL Fett darin mittelheiß werden lassen. 2–3 EL der Kartoffelmasse ins leise zischende Fett geben und mit dem Löffel zu einem handtellergroßen und 1 cm dicken Puffern drücken. So weitermachen, bis die Pfanne voll ist. Die Puffer in 2–3 Minuten goldbraun braten, wenden und ebenso fertig braten. Zu Tisch rufen, denn Kartoffelpuffer müssen sofort gegessen werden. Derweil die Pfanne wieder voll machen und beim Essen stets ein Auge drauf haben. Daher die Wohnküche.

← *Für echte Puffer braucht es noch Handarbeit.*

↓ *Passt zu Kartoffelpflanzerln: Schnittlauchquark.*

KARTOFFELPFLANZERL

Zutaten für 4 Portionen
350 g mehlig kochende Kartoffeln • 1/2 TL Kümmelsamen • Salz • 1/4 Kopf Wirsing (300 g) • 1 Zwiebel • 100 g durchwachsener Räucherspeck • 5 EL Öl • Pfeffer • 50 g Quark • 1 Ei • 1 EL Haferflocken

Zubereitungszeit: 1 Stunde 10 Minuten

› Die Kartoffeln waschen und mit Kümmel und 1 TL Salz im Wasser in 20–25 Minuten bissfest garen. Pellen und auskühlen lassen.

› Wirsing von Strunk und groben Blattrippen befreien und in dünne Streifen schneiden, im Sieb abbrausen. Zwiebel schälen und wie den Speck fein wurfeln. Beides 5 Minuten in 1 EL Öl ausbraten, tropfnassen Wirsing dazugeben und zugedeckt in 5–6 Minuten bei kleiner Hitze bissfest dünsten. Salzen und pfeffern.

› Kartoffeln grob reiben und mit Wirsing, Quark, Ei und Flocken vermengen. Daraus mit den Händen Laibchen formen. In einer Pfanne im übrigen Öl bei mittlerer Hitze auf jeder Seite in je 8 Minuten goldbraun braten. Dazu schmeckt Schnittlauchquark.

Wie mach' ich ...

OFENKARTOFFELN?

Hier geht es um die klassische gute alte Folienkartoffel, die nur nach sich selbst schmeckt und deswegen eine ganz feine sein muss.

Und die gibt es erst ab Herbst bei uns: große, mehlig kochende Knollen, die das Ausmaß einer kleinen Faust haben können. Mit gelbem duftigem Fleisch im Inneren, das locker bäckt und genießerisch aufsaugt, was man ihm gibt – Butter, Quark, Schmand oder Frischkäse mit Kräutern, Knoblauch oder anderen Aromen darin. Obendrauf vielleicht noch knusprigen Speck, Lachs, Kaviar oder ein paar Kartoffelchips. Pro Genießer reicht eine 200-g-Kartoffel als Beilage, woraus mit reicher Ergänzung (siehe oben) ein Sattmacher werden kann. Sonst brauchen wir noch: Alufolie und viel Salz.

1. Den Backofen vorheizen, und zwar auf 200 °C (Umluft 180 °C). Nun die Kartoffeln so gründlich wie behutsam waschen und schrubben, sodass kein Dreck mehr dranhängt, die Schale aber noch ganz ist. Jetzt die Knollen mit der Gabel öfters einstechen. Je Kartoffel einen großzügigen Bogen Alufolie von der Rolle reißen und sie darin einwickeln.

2. Jetzt eine hitzebeständige Form oder einen Bräter nehmen, worin die Kartoffeln genügend Platz haben. Hier das Salz hineinschütten und flach streichen. Darauf werden die Kartoffeln gesetzt, damit sie nicht anbrennen. Und nun auf der Mittelschiene in den Ofen damit.

3. Nach 1 Stunde den ersten Test machen. Dazu mit einem Messer durch die Folie in die Kartoffel stechen. Widerstand ist nicht gut, denn Ofenkartoffeln müssen richtig weich sein. Nach weiteren 30 Minuten sollte es aber soweit sein. Die Kartoffeln auf dem Teller (mit offenem oder geschlossenem Folienmantel) von oben kreuzweise einschneiden und von den beiden Seiten her zusammendrücken, damit sie schön „aufgehen". Jetzt mit einem Teelöffel auslöffeln. Oder daraus erstklassige Knödel oder Gnocchi (Seite 72/73) machen.

↓ *Diese Orient-Ofenkartoffeln sind so schön, dass man sie gleich auf dem Blech servieren kann.*

ORIENT-OFENKARTOFFELN

Zutaten für 4 Portionen
2 Knoblauchzehen • 1 Stück Zimtstange (2 cm) • 1 unbehandelte Orange • 1 TL getrockneter Oregano • 1 EL Sesamsamen • 10 EL Olivenöl • 1 kg vorwiegend fest kochende Kartoffeln (nicht zu groß) • 1 TL Salz • 1 TL brauner Zucker • 150 g Joghurt

Zubereitungszeit: 30 Minuten
(**+ 45 Minuten Garen**)

› Den Knoblauch schälen und hacken. Die Zimtstange fein zerbröseln. Die Orange heiß waschen, trockenreiben und ein Viertel der Schale dünn abreiben. Das alles mit Oregano, Sesam und 6 EL Öl verrühren. Die Orange in Spalten teilen.

› Den Backofen auf 175 °C (Umluft 160 °C) vorheizen. Ein Blech mit etwas Würzöl einstreichen. Kartoffeln gründlich waschen und bürsten, längs halbieren. Salz und Zucker mischen und darüber streuen. Kartoffeln mit der Schnittfläche nach unten aufs Blech legen, mit übrigem Würzöl bepinseln. Kartoffeln im Ofen (Mitte) rund 45 Minuten backen, bis sie gar und von unten gebräunt sind.

› Den Joghurt in einem Schälchen mit dem restlichen Olivenöl krönen und mit den Orangenspalten zu den Kartoffeln servieren.

Wie mach' ich …

KARTOFFELGRATIN?

Nichts als Sahne und Käse braucht es für jenes kleine Wunder, bei dem die Kartoffel wie von selbst in eine der zauberhaftesten Beilagen der Welt verwandelt wird: „Gratin dauphinois".

Ein Pur-und-simpel-Rezept, bei dem – wir ahnen es – die Details zählen. Wir brauchen: 500 g vorwiegend fest kochende Kartoffeln, da die Biss haben und trotzdem binden. Sind sie nicht zu groß, wird das Gratin eleganter. Dazu kommen genug Sahne, um das Gratin zu bedecken (maximal aber ein 200-g-Becher), und 70 g Käse zum Bestreuen. Perfekt wäre Gruyère, gut sind mittelalter Gouda oder Raclette-Käse. Plus: Butter, Salz, weißer Pfeffer.

1. Die Kartoffeln waschen, schälen und mit einem Messer gleichmäßig in möglichst dünne Scheiben schneiden, 1/2 cm höchstens. Dabei die Knollen gut zusammenhalten, sodass die Scheiben beieinander bleiben. (Fällt das Schneiden mit dem Messer schwer, hilft der Gemüsehobel.) Den Backofen auf 180 °C (Umluft 160 °C) vorheizen.

2. Eine Gratinform buttern (Franzosen reiben gerne noch mit einer halben Knoblauchzehe hinterher) und die Kartoffeln darin wie Dachziegel nicht zu flach auffächern. Dafür die Scheiben jeder Knolle „auseinander schieben". (Bei gehobelten Kartoffeln geht das leider nicht.) Nun salzen und pfeffern. Noch eine Schicht? Nein, sonst gelingt die wundersame Verbindung von Schmelz und Kruste nicht optimal. Dann lieber das Gratin rechts angehen.

3. Nun kommt die Sahne darüber – so viel, dass die Scheiben gerade noch rausspitzen. Diese Spitzen werden unterm Käse versteckt, auf den noch ein paar Stückchen Butter kommen, insgesamt 2 EL. Das Ganze in den Ofen (Mitte) schieben – und nach etwa 40 Minuten als feines Gratin mit brauner Kruste obenauf und einer Spur Sahne zuunterst wieder herausholen. Voilà!

GRATIN DANIELOISE

Hier die üppige Version. Mit viel Sahne, die sich beim Einkochen das Parfüm von Rosmarin und Knoblauch gibt und es im Ofen mehreren Lagen von Kartoffeln verpasst. Ein Trick von Daniel, der in diesem Buch nicht nur das Gratin im Foto rechts gekocht hat.

Zutaten für 4–6 Portionen
2 Zweige Rosmarin • 1 Knoblauchzehe • 500 g Sahne • 1 TL Salz • frisch geriebene Muskatnuss • 1 EL Butter • 800 g vorwiegend fest kochende Kartoffeln

Zubereitungszeit: 20 Minuten
(+ 30 Minuten Garen)

› Den Rosmarin waschen und trockenschütteln. Die Knoblauchzehe andrücken (so schält sie sich leichter und gibt ihren Saft besser an die Sahne ab) schälen und halbieren. Beides mit der Sahne und dem Salz in den Topf geben. Bei mittlerer Hitze in etwa 10 Minuten um ein Drittel einkochen lassen. Probieren. Ziemlich salzig? So soll es sein. Sonst bitte nachsalzen. Und nun mit viel Muskat würzen!

› Backofen auf 180 °C (Umluft 160 °C) vorheizen, eine hitzebeständige Form mit der Butter ausfetten. Die Kartoffeln waschen, schälen, in dünne Scheiben schneiden und in mehreren Schichten in die Form geben. Aroma-Sahne darüber gießen und alles gut mischen. Kein Käse? „No go“, sagt Daniel. Also ohne Käse auf der Mittelschiene in den Ofen damit, bis es nach etwa 30 Minuten so toll aussieht wie rechts.

← *Gratin danieloise sieht toll aus und schmeckt klasse – wegen des Knoblauch-Rosmarin-Tricks.*

MIT GEMÜSE

Das Tolle am Gemüse ist, dass es das fast in jeder Form und Farbe gibt. Und dass damit auch fast alles zu machen ist, was man in der Küche machen kann. Am tollsten finde ich gebratenes Gemüse. Aus der Pfanne, vom Grill oder vom Blech. So simpel. So gut.

Wie brat' ich …

GEMÜSE?

Gemüse braten? Zum Einstieg? Genau. Denn das ist nicht nur seine simpelste Zubereitung, sondern oft auch seine geschmackvollste. Wenn die Gemüse zum Braten taugen. Was die meisten tun.

Was macht ein Gemüse brattauglich? Es sollte gut in der Pfanne liegen, nicht zu wässrig sein und Hitze aushalten können. Nichts für Blumenkohl, Gurke, Spinat also. Ansonsten geht fast alles. 250 g brauchen wir je Esser als Beilage, 500 g als Hauptsache. Außerdem: Salz, Öl, Pfeffer. Plus Knoblauch und Aromakräuter wie Rosmarin, Thymian. Gebraten wird in einer großen Pfanne oder auf der Grillplatte. Ein guter Ersatz: ein Blech im heißen Ofen.

1. Zartes, das sich in Scheiben teilen lässt, passt immer. Auberginen und Zucchini etwa, die 1 cm dick geschnitten werden – je schräger der Schnitt, desto größer die Scheibe. Die Auberginen kurz vor dem Braten bearbeiten, damit sie nicht braun werden, und mit Salz vermischt 15 Minuten im Sieb abtropfen lassen. So saugen sie in der Pfanne nicht so viel Fett auf. Festes wie Kartoffeln wird dünn geschnitten, damit es gar ist, bevor es schwarz wird.

2. Am liebsten brate ich Gemüse „am Knochen": Fenchel, samt Strunk in dünne Scheiben geschnitten; Hokkaido-Kürbis samt Schale in 1-cm-Scheiben zerteilt; Frühlingszwiebeln am Stück ohne Wurzeln und schlappes Grün. Das alles lässt sich leicht braten, sieht gut aus und schmeckt intensiv.

3. Nun Pfanne, Grillplatte oder Blech (bei 220 °C / Umluft 200 °C, Mitte) erhitzen. 2 EL Öl hinein- oder darauf geben, Knoblauch und die Kräuter 1 Minute braten, an den Rand schieben. Jetzt das Gemüse braten. Nach 1 Minute (Auberginen, Zucchini), 2 (Kürbis) oder 3 Minuten (Fenchel, Frühlingszwiebeln) salzen und pfeffern, wenden, erneut würzen und in 1–3 Minuten fertig braten. Jetzt samt Knoblauch und Kräutern servieren.

BLITZZUCCHINI MIT ROSINE UND MANDEL

Keine Gnade für Zucchini-Lahme. Das sind all jene, die glauben, dass aus der hübschen Nichte des Kürbis sowieso nichts werden kann und sie daher ziemlich achtlos in der Küche behandeln. Da hält dieses Wunderrezept dagegen, das Lahme zum Laufen bringen wird. Die wichtigsten Schritte: grob raspeln, scharf braten, beherzt süßen.

Zutaten für 4 Portionen
2–3 Knoblauchzehen • 1 TL Zucker • 100 ml Olivenöl • 3 EL Sultaninen • 3 EL Mandelstifte • 600 g Zucchini • Salz • schwarzer Pfeffer • 1 TL Zitronensaft

Zubereitungszeit: 25 Minuten

› Die Knoblauchzehen schälen und auf der feinen Seite der Reibe reiben. Die Pfanne auf kleiner Stufe erhitzen, den Zucker hineinstreuen und schmelzen lassen. Öl dazugießen und dann den Knoblauch, die Sultaninen und die Mandeln darin unter Rühren gute 5 Minuten sanft dünsten, bis die Mandeln leicht gebräunt und die Sultaninen prall und rund sind.

› Derweil die Zucchini waschen, putzen und auf der groben Seite der Reibe raspeln. Nun die Hitze auf volle Kraft stellen und die Zucchini in der Pfanne 5 Minuten unter Rühren braten. Sie sollen dabei zum einen weder bräunen (deswegen das Rühren), zum anderen nicht in ihrem eigenen Saft dünsten, was Zucchini wirklich lahm macht.

› Daher wird erst am Schluss kräftig gesalzen (vorher würde es das Wasser aus dem Gemüse in die Pfanne ziehen) und grob gepfeffert. Jetzt mit Zitronensaft bespritzen und servieren. Blitzzucchini schmecken zu gebratenem und gegrilltem Fisch, zu Kalbssteaks und Grillhähnchen, auf Reis und unter Spaghetti.

GRÜNER SPARGEL AUS DEM WOK

Wer beim Gemüsebraten auf den Seiten zuvor noch etwas gefremdelt hat, wird spätestens jetzt merken, dass er es schon mal gemacht hat: im Wok. Wobei hier alles eine Nummer kleiner geschnitten wird, weil es beim Braten schnell gehen soll.

Zutaten für 4 Portionen
500 g grüner Spargel • 4 Frühlingszwiebeln • 3 Knoblauchzehen • 1 Stück frischer Ingwer (3–4 cm) • 1 Chilischote • 4 EL Sojasauce • 4 EL milder Essig (aus Apfel, Weißwein, Sherry oder Reis) • 4 EL Gemüsebrühe • 2 EL Zucker • 4 EL Öl

Zubereitungszeit: 30 Minuten

› Den Spargel waschen und 1–2 cm am unteren Ende abschneiden, dann muss er nicht geschält werden. Dickere Stangen längs halbieren, dann alles gleichmäßig in 4–5 cm lange Stücke schneiden und die Spitzen extra legen. Sie brauchen nämlich nicht so lange zum Garen und kommen deswegen später als der übrige Spargel in den Wok. Denn das ist das Wok-Prinzip: Erst die Langbrater, dann die Kurzbrater, so dass am Ende alles zugleich gar ist.

› Nun zu den Basics fürs Aroma, ohne die fast nichts geht beim Wok-Braten: Die Frühlingszwiebeln putzen (Wurzelansatz weg, das dunkle schlaffe Grün auch), waschen und in Ringe schneiden. Knoblauch und Ingwer schälen, in dünne Scheiben schneiden. Chili waschen, putzen und in feine Ringe schneiden. Sojasauce mit übrigen Zutaten außer dem Öl verrühren.

› Den Wok stark erhitzen. 1 EL Öl darin schwenken, bis es raucht, und abgießen. Jetzt ist der Wok auf alles vorbereitet. Das restliche Öl hineingeben und darin unter ständigem Rühren die Zwiebeln mit Ingwer und Knoblauch 1/2 Minute braten. Nun die Spargelstücke (nicht die Spitzen!) samt Chili dazugeben und 2 Minuten braten. Dabei ständig Rühren und Wenden.

› Die Spargelspitzen in den Wok geben und alles noch mal 2 Minuten braten. Jetzt die Hitze auf mittlere Stufe stellen, die Sojamischung dazugießen, einmal aufkochen lassen. Den Spargel noch 1 Minute neben dem Herd ziehen lassen, dann auf Teller verteilen. Oder auf Essschälchen, am besten mit Reis darunter. So machen es die Asiaten, denn dann lässt sich das Ganze leichter mit Stäbchen in den Mund schaufeln.

← *Grüner Spargel aus dem Wok – eine feine Übung fürs Pfannenrühren.*

Wie mach' ich ...

EINE RATATOUILLE?

„La ratatouille" ist die Mutter aller Gemüsepfannen – auf Tomatenbasis. Aber anders als bei Ungarns Nationalbeilage Letscho (rechts) wird bei ihr alles für sich gebraten, bevor es in einen Topf kommt.

Effekt dieser provenzalischen Zubereitung zwischen Braten und Schmoren: Die Aromen konzentrieren und ergänzen sich, statt im Einerlei zu verschwinden. Im Einzelnen sorgen dafür (für 4–6 Esser): 2 rote Paprikaschoten, 2 Zucchini, 1 Aubergine, 3–4 Tomaten – insgesamt sollten es 1 1/2 kg Gemüse sein. Dazu kommen 3 Zwiebeln, 2–3 Knoblauchzehen, 1 Zweig Rosmarin, 4 Zweige Thymian, 3 Stängel Petersilie. Plus: 100 ml Olivenöl, Salz, Pfeffer.

1. An einem sonnigen Plätzchen das Gemüse waschen und putzen, also von Stielansätzen befreien und bei den Paprika zudem die Samenwände entfernen. Die Zucchini quer in 1 cm dicke Scheiben schneiden, die längs halbierte Aubergine ebenso. Paprika in Stücke teilen. Tomaten 10 Sekunden in kochendes und dann in eisiges Wasser tauchen, die Haut abziehen und die Tomaten würfeln. Zwiebeln und Knoblauch schälen, dann in Streifen bzw. Scheiben schneiden. Kräuter waschen, trockenschütteln und hacken.

2. Nun 2 EL Öl in einer großen Pfanne erhitzen. Darin die Auberginen auf mittlerer Stufe 1–2 Minuten braten, erst gegen Ende öfters wenden und salzen. Dann in ein Sieb geben, das in einer Schüssel hängt. Ebenso Zucchini und Paprika jeweils in frischem Öl braten, würzen und ins Sieb schütten.

3. Die Zwiebeln im übrigen Öl (inklusive dem vom abgetropften Gemüse) 10 Minuten sanft unterm Deckel dünsten lassen. Tomaten, Knoblauch und Kräuter zugeben, salzen und pfeffern und 10 Minuten offen dünsten. Die anderen Gemüse dazu und die Ratatouille 20–25 Minuten unterm Deckel leise schmoren lassen, bis die Gemüse weich, aber noch nicht „aufgelöst" sind.

↓ *Für Schmorgemüse wie das ungarische Letscho werden Tomaten am besten gehäutet.*

UNGARISCHES LETSCHO

Ungarns Nationalbeilage – Ratatouille light.

Zutaten für 4 Portionen
3 Tomaten • je 1 rote und gelbe Paprikaschote • 2 Zwiebeln • 2 Knoblauchzehen • 1 EL Öl • 1 EL edelsüßes Paprikapulver • 2 EL Weißwein • Salz • Pfeffer

Zubereitungszeit: 40 Minuten

› Tomaten wie beim Ratatouille links häuten und in Stücke schneiden. Die Paprikaschoten waschen und zerteilen, dabei die Stiele und Samenwände entfernen. Das Fruchtfleisch in 3 cm große Stücke schneiden. Die Zwiebeln schälen, halbieren und in Streifen schneiden. Knoblauch schälen, in Scheiben schneiden.

› Die Zwiebeln ganz sanft im Öl zugedeckt 5 Minuten dünsten. Das Paprikapulver dazustreuen, dann Paprikastücke, Knoblauch und Wein dazu, in 4 Minuten zugedeckt bissfest schmoren. Deckel runter, Hitze hoch und die Tomaten 6–8 Minuten mitschmoren. Am Ende sollte die Flüssigkeit fast eingekocht und das Letscho weich sein. Salzen, pfeffern.

Wie schmor' ich ...

GURKENGEMÜSE?

Gurken schmecken viel zu toll, um nur roh in den Salat zu kommen. Geschmort entwickeln sie eine besondere Fülle und behalten trotzdem ihre Frische. Sogar in einer Mehlschwitze.

Und in der sind ja schon viele Gemüse „umgekommen". Doch weil die Gurke viel Saft hat, bekommt ihr das deftige Schmoren. Besonders der kleinen saftigen Gartengurke, aber die Salatgurke mag es auch – 600 g reichen für 4–6 Esser als Beilage. Das Prinzip fürs Schmorgemüse (geht auch mit Fenchel, Paprika, Spargel, Staudensellerie) ist stets gleich: Zum Ansatz 150 g Räucherspeck, 2 Zwiebeln, 2 EL Öl oder Butter, 2 EL Mehl. Zum Aufgießen 400 ml Flüssigkeit (hier: 1/4 l Rinderbrühe und angesetzter Sud), dazu 1 EL Säure (hier: Essig) und Kräuter (hier: Dill). Plus: Salz, Pfeffer, 1 Prise Zucker.

1. Gurken waschen, schälen (Schalen aufheben), längs vierteln und quer in 1 cm breite Stücke schneiden. Den Dill waschen, trockenschütteln, Spitzen hacken. Dillstängel und Gurkenschalen in 150 ml Salzwasser 5 Minuten köcheln lassen – dieser Sud bringt Extra-Aroma. Den Speck in 1/2 cm dicke Streifen schneiden. Zwiebeln schälen, vierteln und in Streifen schneiden.

2. Nun das Fett im weiten Topf erhitzen und den Speck darin bei mittlerer Hitze 2 Minuten braten lassen. Zwiebeln dazu und zugedeckt 5 Minuten braten. Jetzt die Gurken 1 Minute ohne Deckel darin andünsten.

3. Dann das Mehl darüber streuen und einrühren, Topf vom Herd ziehen. Den Sud durch ein Sieb seihen und samt der Brühe zu den Gurken gießen. Dabei mit dem Schneebesen rühren, damit das Mehl gleichmäßig bindet. Mit Salz, Pfeffer und Zucker würzen und 10 Minuten zugedeckt leise köcheln lassen. Zum Schluss Essig und Dillspitzen einrühren, 5 Minuten zugedeckt ziehen lassen. Gut zu Bratfisch, aber auch solo zu Salzkartoffeln.

BAYRISCHES KRAUT

Noch ein deftiges Schmorgericht, diesmal aber ohne Mehl. Denn Kraut, Schmalz und Bier sind rustikal genug. Daher auch der Kümmel – der macht's bekömmlicher.

Zutaten für 4 Portionen
1 Kopf Weißkraut (1 kg) • 2 Zwiebeln • 100 g Räucherspeck • 1 TL Zucker • 2 EL Schweineschmalz (Butterschmalz geht auch) • 1/2 TL Kümmelsamen • Salz • Pfeffer • 150 ml helles Bier • 2 EL Essig

Zubereitungszeit: 45 Minuten

› Die Außenblätter vom Kraut lösen und den Kopf mit dem größten Messer in der Küche durch den Strunk vierteln. Dann den Strunk samt den gröbsten Blattrippen aus jedem Viertel schräg herausschneiden und die Viertel auf diese Schnittfläche setzen, längs in etwa 1 cm dicke Streifen schneiden. Diese dann mehrmals quer teilen, sodass etwa 1 cm große Plättchen entstehen. Im Sieb kalt abbrausen. Zwiebeln schälen, vierteln und in Streifen schneiden. Speck ohne Schwarte der Länge nach in 5 mm dicke Scheiben und diese quer in feine Streifen schneiden.

› Einen weiten Topf erhitzen und darin den Zucker bei mittlerer Hitze schmelzen lassen, bis er flüssig und leicht braun wird. Nun das Schmalz dazugeben und zerlassen, dann den Speck und die Zwiebeln darin 5 Minuten unterm Deckel schmoren lassen. Jetzt das tropfnasse Kraut samt Kümmel dazugeben, kräftig salzen, leicht pfeffern und bei stärkerer Hitze unter Rühren 5 Minuten schmoren.

› Das Bier dazugießen und alles zugedeckt bei Mittelhitze 15 Minuten schmoren lassen, bis das Kraut nicht mehr bissfest und noch nicht zu weich ist – zu knackiges Kraut macht Bauchweh. Ist noch viel Flüssigkeit im Topf, bei starker Hitze 2–3 Minuten einkochen lassen. Jetzt den Essig hineinrühren und das Kraut zu einem Braten servieren.

BLUMENKOHL-CURRY

Guter alter Blumenkohl – kann nicht nur polnisch (Bröselbutter), sondern auch indisch: geschmort mit Curry, Zwiebel und Tomate.

Zutaten für 4 Portionen
1 Kopf Blumenkohl (gute 500 g, samt Blättern) • 200 g Kirschtomaten • 2 Knoblauchzehen • 3 Zwiebeln • 1 Stück frischer Ingwer (3–4 cm) • 4 EL Öl • 1 Beutel Fencheltee • 2 EL Currypulver (so frisch, wie es geht, und so scharf, wie man mag) • 100 ml Gemüsebrühe • 1 Bund Koriander • 4 EL Mandelblättchen

Zubereitungszeit: 45 Minuten

← *Dazu ein gutes Bier: bayrisches Kraut.*

↓ *Kohl ganz bunt: Blumenkohl-Curry.*

› Den Blumenkohl auf den Kopf stellen und den Strunk mit einem schrägen Rundumschnitt so herausschneiden, dass der Kohl fast von selbst auseinander fällt. Die Teile nun in Röschen zerlegen. Welke Blätter wegwerfen, übrige samt Blattrippen in Streifen schneiden. Die Kirschtomaten waschen.

› Knoblauch und Zwiebeln schälen und fein würfeln. Den Ingwer schälen und in Scheiben schneiden. In einem großen Topf auf mittlerer Stufe das Öl erhitzen und darin unter Rühren Zwiebeln, Knoblauch und Ingwer 5 Minuten braten lassen. Aus dem Teebeutel die Fenchelsamen holen (nichts anderes ist drin, erspart einem unnötige Fenchelvorräte) und samt dem Curry 1 Minute mitrösten.

› Kirschtomaten, Blumenkohl samt Blättern und Brühe dazugeben und zugedeckt rund 15 Minuten schmoren lassen, der Kohl soll noch einen knackigen Biss haben. Inzwischen den Koriander waschen, trockenschütteln und die Blättchen grob hacken. Koriander unter das Curry mischen und 5 Minuten zugedeckt stehen lassen. Derweil die Mandelblättchen in einer trockenen Pfanne anrösten und über den fertigen Blumenkohl streuen.

Wie dünst' ich ...

GLANZVOLLE MÖHREN?

Beim Dünsten kommt so viel Flüssigkeit ans Gemüse, dass es genau dann auf den Punkt gegart ist, wenn das Flüssige fast weg ist. Wird dies dann mit buttrig-süßem Glanz überzogen, hat man „glasiert".

Das geht gut mit Möhren, die ja schon etwas süß sind. Sehr fein schmecken Bundmöhren, das sind die spitzen mit Grün. Kleine können im Ganzen gegart werden, Größere muss man nach dem Schälen erst noch schneiden. Die ganz großen ohne Spitze und Grün, die später im Jahr als Waschmöhren in den Sack kommen, taugen für dieses Gericht eher nicht. 600 g sollten es für 4 Esser als Beilage auf jeden Fall sein. Dazu braucht es: 2 TL Salz, 5 EL Butter, etwa 200 ml Mineralwasser, 1 TL Zucker. Und Kräuter, wer mag – Petersilie, Kerbel, Koriander, Basilikum, Estragon oder Dill, fein gehackt.

1. Kleine Möhrchen werden gewaschen, geputzt, geschält – fertig. Größere Möhren muss man dann noch in 1 cm dicke Scheiben schneiden, sehr große zuvor noch längs halbieren. Grünes im Inneren wird herausgeschnitten.

2. Die Möhren kommen nun mit Salz und 2 EL Butter in einen weiten Topf und werden knapp mit Mineralwasser bedeckt. Dies flott aufkochen und 10 Minuten offen sprudeln lassen, bis die Flüssigkeit fast eingekocht ist und die Möhren noch etwas knackig sind.

3. Jetzt die Hitze drosseln, Zucker drüberstreuen und 1 EL Butter dazu. Dann 1–2 Minuten unter Rühren sanft weiterdünsten. Noch mal Butter, noch mal 1 Minute. Und noch mal das Ganze. Jetzt die Kräuter dazu. Am Ende sollten die Möhren salzig-süß mit schönem Glanz und leichtem Biss sein. Das geht auch mit anderen Rüben. Und schmeckt zu Braten, Steaks, Ragout.

Wie koch' ich ...

SPARGEL?

„Steht die Spargelzeit vor der Tür, reibe ich die Hände mir“, freut sich der Freund des Asparagus, der sich bis heute erfolgreich gegen den Trend zum Allzeitgemüse mit eingebautem Sofortverzehr wehrt.

Guten weißen Spargel gibt es für seine Fans im Frühjahr – basta! Wobei die ganz Strengen nur auf deutschen Spargel setzen, der ohne Folienschutz gewachsen sein muss. Sicher ist jedenfalls, dass die beste Spargelzeit am 24. Juni endet, und dass in dieser knappen Frist die Gemüseration hoch sein darf – bis zu 500 g pro Esser, wobei der Spargel dann Hauptsache ist. Dazu kommen 1/2 TL Salz plus 1/4 TL Zucker pro Pfund. Achtung: Spargel sollte so frisch wie möglich, am besten in der Nähe am selben Tag, geerntet sein.

1. Als Erstes werden die unteren Enden abgeschnitten, 2–3 cm lang. Nun bei jeder Stange jeweils die Spargelspitze zwischen Daumen, Zeige- und Mittelfinger fassen und die Stange aufs Handgelenk legen. Den Sparschäler in kaltes Wasser tauchen, 3–4 cm unter der Spitze ansetzen und nach unten abziehen. Die Stange leicht drehen und die nächste Bahn schälen. So bricht nichts, und schält es sich mit etwas Übung im Handumdrehen. Zum Test die Stange ins Licht halten – wo es nicht glänzt, muss noch geschält werden.

2. Derweil das Wasser aufkochen, im größten Topf oder Bräter des Hauses. (Ohne Schalen, denn die machen es bitter.) Pro Pfund braucht man 1–2 l Wasser plus das Salz und den Zucker. Die Spargelstangen mit Küchengarn zu 500-g-Bündeln binden: die gestapelten Stangen an den beiden Enden jeweils 2- bis 3-mal mit dem Garn umwickeln und dieses verknoten.

3. Jetzt wird gekocht: Die Bündel ins siedende Wasser legen und darin je nach Dicke der Stangen 10–15 Minuten garen. Wenn sie in der hinteren Hälfte beim Einstechen noch etwas Widerstand haben, sind sie fertig.

↓ *Grüne Gartenbohnen, frisch geputzt.*

↓ *Blumenkohlröschen, in der Pfanne vollendet.*

Wie koch' ich …

GRÜNE BOHNEN?

1. Bohnen muss man kochen, da sie sonst auf den Magen schlagen. Für 4 Esser braucht es als Beilage rund 600 g. Diese waschen und die Spitzen kappen. Nun im großen Topf so viel Wasser aufkochen, dass die Bohnen gut darin schwimmen können. Jetzt das Gemüse und viel Salz (5 TL) dazugeben, weil Bohnen das brauchen. Nach 8–10 Minuten sind sie bissfest, dünnere etwas früher.

2. Kommen die Bohnen nun in Eiswasser, behalten sie ihr Grün, verlieren aber Aroma. Besser: vom Topf gleich in die Pfanne. Und braten mit Butter, Speck, Zwiebel, Bohnenkraut oder Olivenöl, Knoblauch, Oregano.

BLUMENKOHL?

1. Am besten schmeckt er im Ganzen gekocht. Dazu den Strunk schräg rundum so herausschneiden, dass die Röschen noch zusammenhalten. Nun 1 Minute in kaltes Salzwasser tauchen – vergrault Raupen.

2. Dann kommt der Kopf in einen Topf mit kochendem Salzwasser, in dem noch 1 Stück Weißbrot schwimmt – so bleibt er schön hell. Nach 10–15 Minuten ist er gar, wenn dicke Stiele sich leicht einstechen lassen. Nun kann man ihn zerteilen und in Butter (gerne mit Schnittlauch und Curry) schwenken oder klassisch mit Butterbröseln, gehacktem hart gekochtem Ei und Petersilie servieren.

↓ *Junger Blattspinat, soeben gewaschen.*

↓ *Gekochter Mais, mit Butter gekrönt.*

SPINAT?

1. Zarter Früh- bis Sommerspinat wird in Butter oder Öl gedünstet, festere Blätter vom Winterspinat (ab September) werden zuvor blanchiert. Dazu gleich. Wir brauchen für 4 Leute als Beilage 500–600 g. Die werden geputzt – Welkes raus, Stiele ab – und mehrmals gewaschen (sonst ist Sand im Essen).

2. Nun 4–5 l Salzwasser aufkochen, Spinat so lange hineingeben, bis er zusammenfällt (höchsten 30 Sekunden), dann ins eiskalte Wasser schöpfen. Gleich wieder herausholen und ausdrücken. Und nun? Etwa mit Knoblauch und Erdnüssen braten, darüber frischen Ingwer reiben, dazu Sojasauce.

MAIS?

1. Wenn im Spätsommer der frische Mais kommt, kann man die Dosenware vergessen. Dann sofort Grill oder Pfanne anheizen, vorher die Kolben aber noch kochen: In Salzwasser mit 1 Prise Zucker und 1 Stückchen Butter darin. Je nach Frische dauert es 8–12 Minuten, bis der Mais bissfest ist.

2. Ein Tipp zum Grillen und Braten: Die Kolben einmal quer halbieren, dann kann man sie zum Abnagen gut auf eine Gabel spießen. Und beim Garen öfters mit Butter bestreichen, die noch mit etwas Cayennepfeffer, Meersalz und Zitronensaft gewürzt sein kann. Nach 5 Minuten sind sie essbereit.

SCHMORTOMATEN AUS DEM OFEN

Hier kommt das feine Aroma der Tomaten durchs Garen im Ofen voll zur Geltung! Ein Renner zu allem, was gebraten wird, aber auch fein unter Spaghetti gemischt oder als Antipasti aufgetischt. Am besten schmecken sie natürlich mit besten Tomaten – aber auch der Durchschnitt wird so überdurchschnittlich gut.

Zutaten für 4 Portionen
1 kg Tomaten (so reif und aromatisch, wie es geht) • 2 TL Salz • 2 Zweige Rosmarin • 4 Lorbeerblätter • 2 Knoblauchzehen • 1/8 l Olivenöl • schwarzer Pfeffer

Zubereitungszeit: 30 Minuten
(+ 3 Stunden Ruhen und Garen)

› Die Tomaten waschen, das Grün entfernen (den Stängelansatz drin lassen) und längs halbieren. Die Hälften mit der Schnittfläche nach oben auf den Gitterrost legen und diesen auf ein Backblech stellen. Nun jede Tomate gut mit dem Salz bestreuen und umdrehen. So lassen wir sie nun 1 Stunde in der Küche stehen, damit der Saft aus ihnen heraustropfen kann.

› Nach etwa 50 Minuten Kräuter waschen und trockenschütteln, dann den Rosmarin in 5 cm lange Stücke teilen und die Lorbeerblätter halbieren. Knoblauchzehen schälen, längs halbieren und innen den Keim mit der Messerspitze entfernen, wenn er grün ist. Die Hälften in dünne Scheiben schneiden.

› Backofen auf 120 °C (Umluft 100 °C) vorheizen. Das Gitter vom Blech nehmen und die Flüssigkeit abgießen. (Wir brauchen sie hier nicht, aber sie ist gut zum Verfeinern von Dressings, Suppen oder Saucen.) Das Blech trockenwischen und mit etwas Öl bestreichen. Die Tomaten mit der Schnittfläche nach oben darauf verteilen, Knoblauch dazwischen und darüber geben. Die Kräuter zwischen den Tomaten verteilen.

› Nun Pfeffer drübermahlen und das restliche Öl gleichmäßig über alle Tomaten gießen. Das Blech auf der mittleren Schiene in den Ofen schieben. Dort bleiben die Tomaten für die nächsten 2 Stunden, in denen sie sich langsam in aller Herrlichkeit verwandeln. Man kann sie gleich warm essen oder später kalt. Dazu abkühlen lassen und mit etwas Öl bedecken. So halten sie sich im Kühlschrank gut 1 Woche lang.

KARAMELLISIERTE KIRSCHTOMATEN

Wenn bei Tomaten sonst nichts mehr geht, schmecken Kirschtomaten immer noch. Die kleinen roten Dinger sind oft intensiver und ausgewogener in Süße, Säure und Saft als viele ihrer großen Verwandten. Ideal für den Ofen. Hier bleiben sie an der Rispe und werden mit Zucker bestreut, was am Ende toll ausieht und schmeckt. Auch ohne Feta.

Zutaten für 4 Portionen
1 Frühlingszwiebel • 1 Stängel Oregano • 6 EL Olivenöl • Salz • weißer Pfeffer • 4 Scheiben fester Feta-Schafkäse (je 100 g) • 4 Rispen Kirschtomaten (je 150 g) • etwa 1 EL Puderzucker

Zubereitungszeit: 20 Minuten
(+ 15 Minuten Garen)

› Frühlingszwiebel waschen, putzen und das schlaffe Grün entfernen. Die Zwiebel grob schneiden und dann fein hacken. Oregano waschen, trockenschütteln und hacken. Beides mit 5 EL Olivenöl mischen und mit Salz und Pfeffer würzen.

› Den Backofen auf volle Kraft vorheizen – also auf 250 °C (oder 230 °C bei Umluft). Eine große hitzebeständige Form oder ein tiefes Blech mit dem restlichen Olivenöl einstreichen. Den Feta trockentupfen und darin verteilen. Tomaten waschen, trockentupfen, in dem Würzöl wenden und neben dem Käse verteilen. Ist noch Würzöl übrig, wird es über den Käse geträufelt.

› Jetzt den Puderzucker mit einem kleinen Sieb gleichmäßig über Feta und Tomaten stäuben. Erst 1 EL und wenn es nicht ganz reicht, noch etwas mehr. Nicht zu knauserig sein, das schmeckt am Ende wirklich gut! Nun das Ganze in den Ofen (oben) schieben und 15 Minuten braten und karamellisieren lassen. Wer einen Grill hat, kann den noch in den letzten 2–3 Minuten zuschalten, aber es wird auch so schön lecker. Dazu: Baguette.

Wie mach' ich ...

GEMÜSEAUFLAUF?

Fast jedes Gemüse kann in einen Auflauf kommen – mal roh, mal kurz gebraten, mal gekocht. Hauptsache, am Ende ist alles gar.

Wichtig ist, dass es für 4 Personen 1,2–1,5 kg zum Sattwerden sind. Käse sorgt für Schmelz und Bindung – in Scheiben zwischen dem Gemüse oder gerieben in der Sauce. Diese kann aus Milch, Sahne oder Brühe bestehen, gebunden durch Ei, Stärke, Mehl oder Grieß. Wie in diesem Lieblingsrezept.

1. Backofen mit zwei Blechen darin auf 200 °C (Umluft 180 °C) vorheizen. Nun je 1 Aubergine und Zucchini waschen, putzen, in 1 cm dicke Scheiben schneiden, ebenso 1 kleinen Hokkaido-Kürbis ohne Kerne und Schale (kann man sonst mitessen, hier stört's). Die Bleche mit je 1 EL Olivenöl einstreichen und die Gemüse darauf 5 Minuten im Ofen (Mitte) braten, salzen und pfeffern, wenden und noch mal 5 Minuten braten. In der Pfanne geht das auch, dauert aber länger, und der Ofen wird sowieso gebraucht.

2. Inzwischen 2 Hand voll Champignons in dünne Scheiben, 3 Frühlingszwiebeln schräg in Ringe, 1 Knoblauchzehe in feine Würfel und 4 Tomaten in Scheiben schneiden – alles gut geputzt, gewaschen oder geschält.

3. Derweil wird die Sauce gekocht: In 5 EL Olivenöl 6 EL Maisgrieß (für Polenta, Weizengrieß geht auch) kurz anrösten. Dann 1/4 l Gemüsebrühe und 1/4 l Milch unter Rühren dazugießen, 5 Minuten kochen lassen. Vom Herd ziehen, 2 Eier und 100 g geriebenen Parmesan einrühren. Salzen, pfeffern.

4. Jetzt in eine geölte Auflaufform das Gemüse schichten: Aubergine und Zucchini als Basis, dann Tomaten für den Saft, am Ende Kürbis für die Optik. Jede Schicht salzen sowie mit Pilzen und Sauce bedecken. Dies leicht pressen, damit die Sauce sich verteilt. Dann den Auflauf für 40 Minuten in den Ofen (Mitte) schieben. 5 Minuten ruhen lassen und servieren.

← *Für diesen Gemüseauflauf muss auch der Hokkaido-Kürbis ausnahmsweise geschält werden.*

WIRSING-SEMMEL-AUFLAUF

Zutaten für 4–6 Portionen
1 Kopf Wirsing (1,2 kg) • 2 altbackene Brötchen • 1/4 l helles Bier (Fleischbrühe geht auch) • 1 Zwiebel • 200 g Räucherspeck in Scheiben • 3 EL Öl • 3 Eier

Zubereitungszeit: 45 Minuten
(+ 40 Minuten Garen)

› Wirsing von Außenblättern befreien, achteln und den Strunk entfernen. Die Stücke in 1 cm breite Streifen schneiden und waschen.

› Die Brötchen würfeln und in 150 ml Bier einweichen. Zwiebel schälen, wie den Speck fein würfeln und in 2 EL Öl bei mittlerer Hitze 5 Minuten anbraten. Wirsing darin andünsten, übriges Bier angießen und offen in 10–15 Minuten bissfest garen, bis die Flüssigkeit fast eingekocht ist. Brötchen untermengen, 10 Minuten beim Herd stehen lassen.

› Den Backofen auf 225 °C (Umluft 200 °C) vorheizen. Eine Auflaufform mit übrigem Öl auspinseln. Die Eier unter die Masse mengen, in die Form geben. Den Auflauf im Ofen auf der mittleren Schiene 30–40 Minuten garen.

GRÜNES SPARGELGRATIN MIT SPECK

Grüner Spargel ist so praktisch. Man muss ihn nicht schälen, er wird schneller gar und ist nicht so eigen wie sein weißer Bruder. Und man bekommt ihn fast das ganze Jahr, wenn man einen guten Händler hat. So jemand macht das Einkaufen für dieses einfache, aber edle Gericht zum Klacks. Die Zubereitung ist es auf jeden Fall. Wer Wasser kochen und einen Ofen einstellen kann, hat es schon geschafft.

Zutaten für 4 Portionen
800 g grüner Spargel • Salz • 2 EL Butter • 200 g Ziegenfrischkäse (oder normaler Doppelrahm-Frischkäse mit 2 EL geriebenem Parmesan vermischt) • 200 g durchwachsener Räucherspeck in feinen Scheiben

Zubereitungszeit: 20 Minuten
(+ 40 Minuten Garen)

› Zuerst wird der grüne Spargel kurz gekocht. Anders als der weiße (Seite 98) muss er vorher nicht geschält werden – allerhöchstens im unteren Viertel, was sich aber meistens schon mit dem Kappen der Enden erledigt hat. Waschen nicht vergessen.

› Inzwischen in einem großen Topf 3–4 l Salzwasser mit 1 EL Butter aufkochen. Der grüne Spargel kann wie der weiße im Bündel oder lose ins Wasser kommen. Darin wird er je nach Dicke in 5–8 Minuten noch recht knackig gekocht (bissfest ist er in 8–10 Minuten) und herausgeholt.

› Jetzt den Backofen auf sehr sanfte 120 °C (Umluft 100 °C) vorheizen, eine große flache Gratinform mit der restlichen Butter ausstreichen. Den Spargel darin verteilen (er soll sich ein wenig stapeln). Den Frischkäse glatt rühren und darüber verstreichen.

› Nun die Speckscheiben darüber verteilen, wobei nicht alles bedeckt sein muss. Dann kommt das Ganze auf der Mittelschiene in den Ofen und gart 30–40 Minuten, bis am Ende der Speck gebräunt und knusprig ist.

AUBERGINEN-SANDWICH

Roh wirkt die Aubergine spröde, aber so ist sie jede Sünde wert: frittiert in Olivenöl, dessen Aroma sie warm und weich in sich aufsaugt. Das dann kombiniert mit Ziegenkäse und Pesto – ach, ach, ach …

Zutaten für 4 Portionen
1 große Aubergine • Salz • 1 große Tomate • 400 g Ziegenfrischkäse von der Rolle • 1 Knoblauchzehe • etwa 1/4 l Olivenöl • 4 EL Pesto (Seite 152)

Zubereitungszeit: 40 Minuten

↓ *Beim Auberginen-Sandwich wird das Gemüse noch eingesalzen, damit es beim Braten weniger Fett aufsaugt.*

› Die Aubergine waschen, putzen und quer in 8 je 1–2 cm dicke Scheiben schneiden. Diese mit Salz bestreuen und 15 Minuten in einem Sieb oder auf einem Gitter abtropfen lassen – dann saugen sie beim Frittieren nicht ganz so viel Fett auf.

› Die Tomate waschen, Stielansatz herausschneiden und die Frucht quer in 4 Scheiben schneiden (die runden Enden gleich selber essen). Die Ziegenkäserolle in 4 fingerdicke Scheiben schneiden. Die Knoblauchzehe schälen und längs halbieren, den Keim mit der Messerspitze herausholen.

› In einer Pfanne das Öl mit dem Knoblauch erhitzen. Fängt der an zu brutzeln, wird er herausgefischt – er darf nicht braun werden! Die Auberginenscheiben gut trockentupfen und schwimmend im Öl auf jeder Seite je 1–2 Minuten ausbraten. Kurz auf Küchenpapier legen. Zwischen zwei Tellern warm halten, bis alle ausgebraten sind.

› Auf 4 Auberginenscheiben je 1 Tomaten- und Ziegenkäsescheibe geben, darauf je 1 EL Pesto streichen. Zum Abschluss die übrigen Auberginenscheiben auflegen. Gleich essen – mit einem Stück Brot dazu.

MIT FLEISCH

Hier taucht sie wohl am häufigsten auf, die Frage „Wie koch' ich ...?“ Weil Fleisch so teuer ist? Na ja. Weil es auf falsche Behandlung nicht so geduldig reagiert wie eine Aubergine? Schon eher. Oder weil es richtig gut gebraten, geschmort, gegrillt so toll schmecken kann, dass einem gleich ein paar Lieblingsgerichte damit einfallen? Genau. Wobei es eine Regel gibt, die fast für jede Zubereitung gilt: Das Fleisch vor dem Garen in der Küche aufwärmen lassen (außer Hack und Geflügel), es nicht zu heiß angehen lassen und dem Stück am Ende noch etwas Ruhe gönnen.

Wie mach' ich ...

EIN HACKSTEAK?

Mit Butter und Schinken, was Saft und Aroma bringt. Und mit Croissants, die locker machen. Was heißt, dass wir die Grundformel (rechts) etwas ändern: 100 g Kochschinken + 1 Croissant + 2 Zwiebeln + 6 EL Butter + 1 Bund Petersilie + 400 g gemischtes Hack (Rind, Schwein) + 2 Eier + 1 TL scharfer Senf + Salz + Pfeffer.

1. Den Schinken in feine Würfel schneiden. Das Croissant in dünne Scheiben schneiden und fein hacken. Die Zwiebeln schälen, halbieren und in dünne Streifen schneiden. Dann in 2 EL Butter 5 Minuten bei kleiner Hitze dünsten. Die Petersilie waschen und trockenschütteln, Blättchen abzupfen und in der letzten Minute zu den Zwiebeln geben. Dann beides auf dem Brett hacken.

2. Alles, was bisher zerkleinert wurde, kommt nun zum Hack – mit den Eiern, Senf, 1/2 TL Salz und Pfeffer – und wird mit Fingerspitzengefühl vermengt. Also die Hände nehmen und immer wieder zugreifen, so mischt es sich am leichtesten. Dabei nicht zu viel Kraft anwenden und aufhören, sobald alles verbunden ist. Abschmecken.

3. Nun mit einem kleinen Schöpflöffel etwa 70 g schwere Portionen abnehmen, mit angefeuchteten Händen daraus Kugeln formen und flach drücken. Darauf kommt je 1 Butterflöckchen, was die Hacksteaks saftig hält. Nun die Masse drumherum formen und zu Kugeln drehen. Kühlen die 1 Stunde, kommt das Aroma besser raus.

4. Zum Braten eine große Pfanne erhitzen. Die Hackkugeln zu Steaks formen und ohne weiteres Fett in die Pfanne setzen. 4–5 Minuten bei mittlerer Hitze anbraten, wenden und noch mal so lange braten. Restliche Butter hineingeben und darin die Steaks unter öfterem Wenden noch 2 Minuten braten. Jetzt lassen wir sie zugedeckt weitere 2 Minuten neben dem Herd ziehen. Und fertig.

Zum Üben erst mal ein Steak, das sich beim Braten nicht so anstellt – das Hacksteak. Bei ihm kommt es eher auf das Vorher an, also darauf, was man wie vermengt, damit es schön saftig und knusprig aus der Pfanne kommt. Dazu braucht es schon ein bisschen mehr als die übliche Grundformel (1 altbackenes Brötchen, die Kruste abgerieben und den Rest eingeweicht + 2 Zwiebeln + 1 Bund Petersilie + 2 Eier + 1 Pfund Hackfleisch). Ein guter Weg zu diesem Mehr sind der Butter- und der Buttercroissant-Trick.

KNUSPRIGE KARTOFFEL-HACKSTEAKS

Nun bereichern wir das lockernde Brötchen (Croissant muss nicht sein) durch geriebene Kartoffeln. Heraus kommt die Kombination von knusprigem Kartoffelpuffer und saftigem Hacksteak – Lieblingsessen hoch zwei.

Zutaten für 4 Portionen
1 altbackenes Brötchen • 100 ml Milch • 4 Frühlingszwiebeln • 100 g Champignons • 100 g durchwachsener Räucherspeck • 8 EL Öl • 500 g mehlig oder vorwiegend fest kochende Kartoffeln • 400 g Hackfleisch vom Rind • 2 Eier • Salz • Pfeffer

Zubereitungszeit: 1 Stunde

› Das Brötchen würfeln und in der Milch einweichen. Die Frühlingszwiebeln waschen und putzen, dabei das schlappe Grün und die Wurzeln entfernen. Nun in dünne Ringe schneiden. Die Pilze putzen: die Stiele glatt schneiden, die Kappen mit Küchenpapier sauber wischen. (Beim Waschen würden sie sich mit Wasser vollsaugen. Und weil Champignons nicht im Freien wachsen, muss es nicht sein.) Pilze hacken, Speck fein würfeln.

› 2 EL Öl erhitzen und den Speck darin bei mittlerer Hitze 1 Minute anbraten. Die Hitze erhöhen, dann Frühlingszwiebeln und Pilze 1 Minute mitbraten. Abkühlen lassen.

› Das Brötchen ausdrücken. Die Kartoffeln waschen, schälen und fein raspeln. Die Masse in ein Küchentuch geben, gut ausdrücken (wie gut, steht bei den Kartoffelpuffern auf Seite 78) und mit Brötchen, Hack, Eiern und Speck vermengen. Salzen und pfeffern.

› Aus der Masse 8 flache Küchlein formen. In einer großen Pfanne übriges Öl erhitzen und die Küchlein darin bei mittlerer Hitze je Seite in 5–6 Minuten langsam knusprig braten.

ITALIENISCHE OFENBÄLLCHEN

Italienisch, weil in ihnen außer Kalbfleisch und Knoblauch noch Tomaten und Mozzarella stecken. Ofenbällchen, weil sie nur heiße Luft zum Garen brauchen.

Zutaten für 4 Portionen
400 g Hackfleisch vom Kalb (oder Schulterfleisch) • 1 Knoblauchzehe • 100 g Parmaschinken • 4 Sardellenfilets • 1 unbehandelte Zitrone • 1 Bund Basilikum • 4 EL frisch geriebener Parmesan • 4 EL Pinienkerne • 50 g Semmelbrösel • Salz • Pfeffer • 1 Kugel Mozzarella (125 g) • je 1 Hand voll Kirschtomaten und Oliven • 2 EL Öl

Zubereitungszeit: 40 Minuten
(+ 25 Minuten Garen)

› Wenn der Metzger Ihnen kein Fleisch fürs Kalbshack durch den Wolf dreht, müssen Sie sich selbst drum kümmern. Dazu das Stück Schulterfleisch mit einem scharfen Messer zuerst in dünne Scheiben und diese dann in fein Streifen schneiden. Dann noch mal grob darüber hacken.

› Die Knoblauchzehe schälen und wie den Schinken und die Sardellenfilets grob schneiden oder hacken. Die Zitrone heiß waschen und trockenreiben, dann von der Hälfte die Schale dünn abreiben. Basilikumblättchen von den Stängeln zupfen. Dies alles samt Parmesan, Pinienkernen und Bröseln mit dem Fleisch vermischen und kräftig mit Salz und Pfeffer würzen. Mozzarella vierteln und in Stücke schneiden. Die Kirschtomaten waschen.

› Die Fleischmasse in den Mixer geben und dort klein hacken – es soll kein Aufstrich werden, sie kann also ruhig noch ein wenig grob sein. Davon mit dem Esslöffel Portionen von knapp 50 g abnehmen und aufs Brett „klopfen". Dort mit angefeuchteten Händen zu Fladen formen, auf die je 1 Stück Mozzarella, 1 Tomate oder 1 Olive kommt. Man kann das aber auch kombinieren, zum Beispiel 1 Stück Mozzarella in die angeschnittene Tomate oder die entsteinte Olive stecken und auf den Fladen legen. Das wird dann zu Bällchen geformt.

› Backofen auf 200 °C (Umluft 180 °C) vorheizen, ein Backblech ölen. Die Hackbällchen auf das Blech legen und im Ofen (Mitte) 20–25 Minuten garen. Dazu schmecken Röstbrot mit Pesto (siehe Seite 152) oder Tomatensauce (siehe Seite 158/159).

← *Italienische Ofenbällchen – kleine Überraschungskugeln aus dem heißen Rohr.*

Wie brat' ich ...

EIN STEAK?

Genug geübt, jetzt wird es ... ernst? Ach, so schlimm ist das mit dem Steak gar nicht. Wenn man den Trick mit der dreifachen Ruhe kennt.

Unser Steak ist ein mindestens 2 cm dickes und 150 g schweres Stück Fleisch vom Rind, Kalb oder Schwein, das sich in Kürze braten lässt. Weil es kurze zarte Fasern hat, zwischen denen etwas Fett sein sollte. Steaks werden aus Rücken (Roastbeef beim Rind), Huft (Teil der Keule) und Filet geschnitten, beim Schwein auch aus dem Nacken. Man kann sie von „rare" (blutig, nur beim Rind) über „medium" (rosa) bis „well done" (durch, stets beim Schwein) braten. So geht's: am Beispiel eines gut 2 cm dicken und 180 g schweren Steaks.

1. Das Steak brät am besten, wenn es nicht kalt ist. So wird es 30 Minuten vorher aus dem Kühlschrank geholt. Das ist Ruhephase 1. Dann die Pfanne anheizen. Sie soll weder lauwarm (so dünstet das Steak nur) noch knallheiß (alles verbrennt) sein. Die Stufe zwischen Mittel- und Vollhitze ist ideal. Nun das Fett hinein: je Steak 1 TL Öl oder Butterschmalz.

2. Zischt der Tropfen Wasser richtig satt im Fett, kommt das Steak hinein. 1 Minute braten, wenden und noch 1 Minute braten. Jetzt raus damit. Jetzt schon? Ja, das ist Ruhephase 2. Sie dauert 5, bei größeren Steaks bis 10 Minuten, in denen das Fleisch wieder lauwarm und entspannt wird. 30 Minuten machen aber auch nichts, was praktisch ist, wenn Gäste da sind.

3. Jetzt wird die Pfanne wieder angeheizt und das Steak auf einer Seite gesalzen, gepfeffert und mit dieser hineingelegt. Nun 1 Minute braten, würzen, wenden, noch 1 Minute braten: so ist es zwischen rare und medium, perfekt fürs Rindersteak. Je 2 Minuten: medium, für Kalb und Rind. Je 3 Minuten: well done, für Schweinesteaks und Fleischverzagte. Nun kommt Ruhephase 3, die zwischen zwei Tellern zum Warmhalten 5 entspannende Minuten dauert. Dann darf serviert werden.

↓ *So schmeckt es gleich nach Mittelmeer: Lammkoteletts mit dem Aroma von Knoblauch und Kräutern.*

LAMMKOTELETTS MIT AROMA

Lamm sollte nach Lamm schmecken und nicht nur höflich nach Kalb. Das klappt, wenn man es im eigenen Fett mit Aroma brät.

Zutaten für 4 Portionen
12 daumendicke Lammkoteletts (je 80 g, mit nicht zu wenig Fett) • 4 Knoblauchzehen • 1 Hand voll Mittelmeerkräuter (etwa Rosmarin, Lorbeer, Lavendel) • 2 EL Olivenöl • Salz • Pfeffer

Zubereitungszeit: 30 Minuten

› Bei den Koteletts (rechtzeitig aus dem Kühlschrank nehmen!) vom Knochen das Fett ganz und vom Fleisch eine dünne Schicht ablösen und hacken. Knoblauch schälen und längs halbieren, Keim entfernen. Die Kräuter waschen und trockenschütteln.

› Lammfett in der Pfanne im Öl 3 Minuten sanft ausbraten. Fettstücke herausnehmen, Knoblauch und Kräuter dazu, 1–2 Minuten braten. Die Hitze erhöhen (zwischen mittel und stark). Koteletts je Seite 1 Minute braten. Herausnehmen, 5 Minuten ruhen lassen.

› Die Koteletts auf einer Seite salzen und pfeffern, damit ins mittelheiße Fett legen. 1 Minute braten, würzen, wenden und noch 1 Minute braten. Herausnehmen, 5 Minuten zugedeckt ruhen lassen und servieren.

Wie mach' ich …

EIN WIENER SCHNITZEL?

Ein echtes Wiener Schnitzel kommt vom Kalb, ansonsten heißt's „nach Wiener Art". Perfekt ist die Kalbsnuss, aus der ein guter Metzger dünne 150-g-Schnitzel quer zur Faser schneidet. Dazu braucht es für 4 Esser zum Panieren 8 EL Mehl, 1–2 Eier und 100 g Semmelbrösel (feine Köche nehmen Toastbrösel; mir fehlt da der Gasthausgeschmack), zum Braten je 80 g Butter und Öl. Plus: Salz, Pfeffer.

1. Ist das Schnitzel nicht gerade 5 mm dünn geschnitten, muss man ihm Dicke nehmen: Dazu kommt es in einen großen Gefrierbeutel und wird mit Klopfer (platte Seite) oder Stieltopf dünn geklopft, ohne dass es reißt. Nun in Schalen getrennt Mehl, verquirlte Eier und Brösel geben. Und den Trick meiner Mutter nicht vergessen: 1 TL Öl unters Ei rühren, dann geht die Panade gut auf.

2. Jetzt die Schnitzel salzen und pfeffern. Dann im Mehl wenden und abklopfen, kurz ins Ei tauchen und gut abtropfen lassen und in den Böseln wenden, ohne darauf herumzudrücken. Darauf achten, dass die Panade überall hinkommt. Das Schnitzel leicht schütteln und gleich braten – sonst werden die Brösel pappig.

3. Dazu die größte Pfanne im Haus mittelheiß machen. Hinein kommen halb Öl, halb Butter, bis das Fett gut 1 cm hoch steht. Schäumt es, wenn man Brösel einstreut, ist es gut heiß. Nun die Schnitzel hinein. Nach 1 Minute auf die Unterseite schauen. Ist die goldgelb und schön gebräunt, wenden (spätestens nach 2 Minuten) und weiterbraten. Jetzt das Fett übers Schnitzel schöpfen, damit die Panade wellig aufgeht. Aber bitte nicht mehr umdrehen. Das fertige Schnitzel kommt kurz auf Küchenpapier und sofort (!) zu Tisch.

Ein schlecht gebratenes Schnitzel ist leicht zu erkennen: Es sieht aus wie aus dem Bilderbuch. Also rundum goldgelb, nicht einmal zwischen den Wellen der Panade ist ein Schatten. Ganz klar, dass dieses Schnitzel aus der Fritteuse kommt und nicht schwimmend in der Pfanne ausgebacken wurde, wo es diesen leichten dunklen Rand vom zweiseitigen Braten inklusive ein paar brauner Schönheitskrümel erhält. Auf solch ein perfektes Schnitzel, sagt man in Wien, muss man sich setzen können, ohne dass es Fettflecken gibt. Nun ja. Zumindest sollte es nach dem Braten zum Abfetten auf Küchenpapier kommen. Und was isst der Wiener dazu? Reis statt Pommes. Perfekt! Ein wahres Lieblingsessen!

SCHNITZEL MILENNA

Wir wollen hier gar nicht viel sagen zum Streit zwischen Wien und Mailand um die Erfindung des panierten Schnitzels. Lieber steuern wir ein Rezept bei, das beiden Seiten gefallen könnte. Weil es auf den ersten Blick als Wiener Schnitzel durchgeht, in der Kruste aber Parmesan steckt, und sich darunter Parmaschinken verbirgt, der richtig Aroma gibt. Das stimmt vielleicht auch noch die Gewohnheitsesser um, für die ein Schnitzel nur vom Schwein sein kann.

Zutaten für 4 Portionen
100 g Mehl • 7 1/2 EL Olivenöl • 1 Ei • 2 EL frisch geriebener Parmesan • 100 g Semmelbrösel • 4 Kalbsschnitzel (je 150 g, aus der Huft) • Salz • Pfeffer • 4 Scheiben Parmaschinken • 7 EL Butter

Zubereitungszeit: 30 Minuten

› Jeweils in einen tiefen Teller Mehl, das mit 1 TL Öl verschlagene Ei und die mit Parmesan vermischten Brösel füllen. Die Schnitzel in einen Gefrierbeutel geben und schön flach klopfen. Salzen und pfeffern, je 1 Scheibe Schinken darauf legen und fest drücken. Nun die Schnitzel nacheinander behutsam in Mehl, Ei und Bröseln wenden.

› Eine große Pfanne mittelheiß werden lassen. Übriges Öl und die Butter hineingeben und auch heiß werden lassen. Jetzt die Schnitzel darin einlegen, dass es leise zischt, und auf einer Seite 1–2 Minuten braten. Wenden und unter Beschöpfen mit dem Fett in 1–2 Minuten fertig braten. Auf Küchenpapier abfetten und mit Reis servieren.

CHILI-CHIPS-KOTELETTS

Nachdem wir jetzt genug Schnitzel für die Weißwein-Fraktion gebraten haben, kommt nun exklusiv was Paniertes für Biertrinker – Schweinekoteletts texas-scharf, gebadet in Chili und Bier, gebacken mit einer Kruste aus Kartoffelchips, die man auch dazu isst.

Zutaten für 4 Portionen
4 Schweinekoteletts (je 180 g) • 1 Knoblauchzehe • 4 rote Chilischoten • 4 unbehandelte Limetten • 1 TL getrockneter Oregano • 1 EL rosenscharfes Paprikapulver • 10 EL Öl • 1 Schluck Pils • 300 g Paprika-Chips • 80 g Semmelbrösel • 2 Eier • 100 g Mehl • Salz • Pfeffer

Zubereitungszeit: 40 Minuten
(+ 1 Stunde Marinieren)

› Die Koteletts am Fleischrand mehrmals etwas einschneiden. Den Knoblauch schälen und fein reiben. Die Chilischoten waschen, putzen und sehr fein hacken. 1 Limette heiß

↓ *Unter der Knusperpanade wird es scharf und würzig: Chili-Chips-Koteletts.*

waschen und die Schale dünn abreiben. Den Saft von 3 Limetten auspressen.

› Knoblauch, Chili, Limettenschale, Oregano und Paprikapulver in 2 EL Öl zugedeckt 1 Minute sanft erhitzen. Das Bier dazugießen und aufkochen, den Limettensaft dazugeben. Derweil die Koteletts mit der Gabel rundum einstechen und in einer Schüssel mit der warmen Marinade mischen. Nun 1 Stunde bei Raumtemperatur marinieren lassen.

› 80 g Chips im Gefrierbeutel oder Mixer fein zerbröseln und im tiefen Teller mit Semmelbröseln mischen. In einem zweiten Teller die Eier mit 1 EL Öl verrühren, in den dritten das Mehl füllen. Die Koteletts aus der Marinade nehmen und gut abtropfen lassen, aber nicht abstreifen. Das Fleisch salzen und pfeffern, dann nacheinander in Mehl, Eiern und den Bröseln wenden und rundum panieren.

› Das übrige Öl in einer Pfanne erhitzen. Die Koteletts darin 5–6 Minuten auf jeder Seite bei mittlerer Hitze braten, dabei am Ende öfters mit dem Fett beschöpfen. Mit der restlichen geachtelten Limette und den übrigen Kartoffelchips servieren.

Wie mach' ich ...

GESCHNETZELTES?

In drei Worten: kurz, schnell, sanft. Was meint: Das Fleisch wird nur kurz angebraten, dann wird schnell eine Sauce geköchelt, in der es am Ende sanft erhitzt wird. Was heißt: NIE kochen! Dann wird alles gut.

Alles Magere, was fürs Steak und Schnitzel taugt, eignet sich zwar zum Schnetzeln, am besten ist aber zartes Filet. Beim Kalb geht auch die Huft, bei Hähnchen und Pute nur die Brust. All das wird in 5 mm dünne Scheiben oder bis zu 1 cm dicke Streifen geschnitten. Für 4 Leute braucht es 500–600 g Fleisch, 5 EL Butter und etwa 600 ml Flüssigkeit – in unserem Beispiel 200 ml Weißwein und 400 g Sahne. Dazu Salz und Pfeffer, 1 Zwiebel in Streifen.

1. Das Fleisch auf einem Teller ausbreiten und 15 Minuten in der Küche aufwärmen lassen. Eine große Pfanne stark anheizen, ein Sieb mit Schüssel drunter neben den Herd stellen. 1 EL Butter in der Pfanne heiß werden lassen und die Hälfte des Fleischs darin verteilen, sodass es zischt. 1/2 Minute nichts tun, dann das Fleisch unter Wenden 1/2 Minute weiterbraten. Nun wird es gesalzen und ins Sieb gegeben. Die zweite Hälfte genauso braten.

2. Jetzt die restliche Butter bei mittlerer Hitze in der Pfanne zerlassen und darin die Zwiebel in 2 Minuten leicht bräunen. (Wer mag, kann noch 300 g zartes Gemüse wie Pilze, Zucchini oder Paprika für 2–3 Minuten mitbraten.) Nun salzen, pfeffern, mit Wein ablöschen und einkochen lassen. Dazu kommen nun die Sahne und der Fleischsaft, der sich in der Schüssel unterm Sieb gesammelt hat. Dies in 2–3 Minuten zu einer Sauce einkochen lassen.

3. Dann die Hitze reduzieren, bis die Sauce nur noch ganz leise köchelt. Das Fleisch in die Sauce geben und darin unter Rühren in 2–3 Minuten sanft erhitzen. Die Sauce darf nun so gut wie gar nicht kochen, sonst wird's trocken. Vom Herd nehmen und zugedeckt 1 Minute ziehen lassen. Fertig.

THAI-CHICKEN-CURRY

Zutaten für 4 Portionen
4 Hähnchenbrustfilets (je 120 g, ohne Haut und Knochen) • 1 Stück frischer Ingwer (1–2 cm) • 1 Knoblauchzehe • 4 Frühlingszwiebeln • 1 Limette • 1 Dose Kokosmilch (400 ml) • 1 EL grüne oder gelbe (ist milder) Currypaste • 1 TL brauner Zucker • 2 EL Öl • 3 EL Fischsauce

Zubereitungszeit: 50 Minuten

› Das Fleisch in etwa 1 cm dicke Scheiben schneiden. Ingwer und Knoblauch schälen und klein würfeln. Die Frühlingszwiebeln waschen und putzen, dann in feine Ringe schneiden. Die Limette heiß waschen und die Schale abreiben, den Saft auspressen.

› Die Dose Kokosmilch behutsam öffnen, damit der „Rahm" oben abgesetzt bleibt. 4 EL davon abnehmen und mit Ingwer, Knoblauch, Zwiebeln, Limettenschale, Currypaste und Zucker mischen.

› Den Wok erhitzen. 1 EL Öl darin schwenken und ablaufen lassen. Die Hälfte des Fleischs in 1 TL Öl unter Rühren 30 Sekunden braten, herausnehmen. Im übrigen Öl das restliche Fleisch ebenso garen. Den Bratensatz mit 1 EL Fischsauce ablöschen und die Currymischung bei kleiner Hitze 2–3 Minuten köcheln lassen. Dann die übrige Kokosmilch und Fischsauce sowie den Limettensaft einrühren. Das Fleisch darin erhitzen, ohne es zu kochen. Wer mag, kann auch noch Fruchtstücke (Papaya, Mango) und Kräuter (Minze, Basilikum) im Curry erwärmen.

← *Thai-Chicken-Curry: Wokbraten mit Kokosrahm für Einsteiger.*

Wie koch' ich ...

GULASCH?

Also, eigentlich – gar nicht. Denn das wahre Gulasch gart fast von selbst und sollte dabei auch nicht kochen, sondern ganz langsam im eigenen Saft schmurgeln. Mit viel Zwiebel und Paprika.

Und eigentlich ist dieses Rezept geklaut. Aus Basic cooking. Und dafür habe ich es von meiner Mutter stibitzt. Und die hat es von einem Hirten am Rande der ungarischen Puszta. Ungelogen. Wir brauchen für 4–6 Esser: 800 g Zwiebeln, 3 Knoblauchzehen, 1,2 kg Rinderschulter, 4 EL Schmalz oder Öl, 5 EL edelsüßes Paprikapulver (gut und frisch), je 1 TL getrockneten Majoran und Thymian sowie Kümmelsamen, 1 EL Essig, Salz, Pfeffer.

1. Am Anfang steht das Schneiden: geschälte Zwiebeln und Knoblauchzehen in Würfel, das Fleisch in daumendicke und 4–5 cm lange Stücke. Einen großen schweren Topf mittelheiß machen, darin die Zwiebeln in Schmalz oder Öl zugedeckt in 10 Minuten „blond" schmoren, aber nicht bräunen. In der letzten Minute Knoblauch, 3 EL Paprika, Kräuter und Kümmel mitschmoren, dann mit Essig und 100 ml Wasser ablöschen, einkochen lassen.

2. Erst jetzt kommt das Fleisch dazu, das beim Gulasch weder scharf braten, noch groß kochen soll. Wir erhöhen die Hitze und lassen es ohne Deckel 3 Minuten auf den Zwiebeln anschmoren, dann salzen, pfeffern und rühren. Nun auf kleine Hitze gehen und das Fleisch zugedeckt im eigenen Saft schmurgeln lassen, dabei ab und zu rühren. Bloß dann 1 Schuss Wasser ergänzen, wenn es arg trocken wird – was dauert. Wein? Den trinken wir nur dazu.

3. Nach rund 90 Minuten ist das Fleisch so gut wie gar. Nun das übrige Paprikapulver 1 Minute mitgaren. Das Fleisch knapp mit Wasser bedecken und abschmecken. 15 Minuten später haben wir ein ganz zart geschmortes Gulasch mit sehr aromatischem Saft, nur durch Zwiebeln gebunden.

SMEG

COQ AU VIN

Zutaten für 4–6 Portionen
1 großes Hähnchen (1,5–1,7 kg) • 1 Knoblauchzehe • 3 Zweige Thymian • 4 Lorbeerblätter • 700 ml Rotwein • 5 Zwiebeln • 150 g Räucherspeck • 4 EL Butter • Salz • Pfeffer • 2 EL Mehl • 200 ml Geflügelbrühe • 200 g Champignons

Zubereitungszeit: 45 Minuten (+ über Nacht Marinieren + 30 Minuten Garen)

› Das Hähnchen auf den Rücken legen. Brustfleisch mit dem großen Messer entlang des Mittelknochens einschneiden und dann das Huhn der Länge nach halbieren (es braucht etwas Kraft dazu). Die Hälften unterm Oberschenkel in Richtung Gelenk einschneiden und durchtrennen. Ober- und Unterschenkel im Gelenk trennen und die Brüste halbieren.

› Knoblauch schälen und halbieren, Kräuter waschen. Beides mit dem Wein aufkochen, um die Hälfte einkochen. Auskühlen lassen, über die Hähnchenstücke gießen und über Nacht im Kühlschrank durchziehen lassen.

› Am nächsten Tag die Stücke ins Sieb geben, die Marinade auffangen. Zwiebeln schälen und wie den Speck würfeln. Speck mit 2 EL Butter im Bräter 5 Minuten bei kleiner Hitze ausbraten und herausnehmen. Hähnchenstücke trockentupfen, mit Salz, Pfeffer und 1 EL Mehl einreiben. Im heißen Speckfett auf der Hautseite 5 Minuten braten, wenden, erneut 5 Minuten braten. Herausnehmen.

› Ofen auf 200 °C (Umluft 180 °C) vorheizen. Drei Viertel der Zwiebeln bei kleiner Hitze 5 Minuten im Fett braten. Speck, Hähnchen, Marinade und Brühe dazugeben, aufkochen. Zugedeckt 30 Minuten in den Ofen (Mitte) schieben. Die Pilze putzen und vierteln.

› Ofen auf 250 °C (Umluft 230 °C) schalten. Hähnchenstücke aus der Sauce nehmen und auf dem Blech für 10 Minuten in den Ofen (Mitte) schieben. Die Sauce um ein Viertel einkochen. Übrige Zwiebeln in der restlichen Butter 5 Minuten braten, Pilze 3 Minuten mitbraten, salzen, pfeffern. Das Huhn in die Sauce setzen, mit Pilzen bestreuen, servieren.

INDISCHES LAMMCURRY

Zutaten für 4 Portionen
700 g Lammschulter • 2 Knoblauchzehen • 3 Zwiebeln • 150 g Joghurt • 1 EL scharfer Senf • 4 EL Currypulver (frisch und scharf) • 1/4 TL gemahlener Zimt • 6 EL Öl • Salz • 1 Dose gewürfelte Tomaten (400 g) • 2 EL Mango Chutney • 4 Nektarinen

Zubereitungszeit: 45 Minuten (+ über Nacht Marinieren + 1 Stunde Garen)

↓ *Curry = Thai? Hier der Gegenbeweis: indisches Lammcurry mit Joghurt und Nektarinen.*

› Am Tag zuvor das Fleisch in 3 cm große Würfel teilen. Den Knoblauch und 1 Zwiebel schälen, grob hacken und samt Joghurt, Senf, Curry, Zimt und 1 EL Öl im Mixer pürieren. Mit dem Fleisch vermischen und über Nacht im Kühlschrank ziehen lassen.

› Dann übrige Zwiebeln schälen, würfeln. Die Marinade vom Fleisch streifen, mit Küchenpapier trockentupfen. Im weiten Topf 1 EL Öl stark erhitzen und ein Drittel des Fleischs 1 Minute ohne Rühren anbraten, dann rundum in 2 Minuten bräunen. Herausnehmen, salzen, restliches Fleisch ebenso zubereiten.

› Im Bratensatz und dem restlichen Öl die Zwiebeln bei kleiner Hitze leicht bräunen. Dann das Fleisch samt angesammeltem Saft, die Marinade, die Tomaten und das Chutney dazugeben. Durchrühren, salzen und bei sanfter Hitze 1 Stunde schmurgeln lassen.

› Die Nektarinen waschen, am Stein entlang halbieren und die Hälften in Achtel teilen. Sie werden am Ende unter das Curry gemischt, das dann weitere 5 Minuten zugedeckt neben dem Herd zieht. Wer mag, vollendet es noch mit Thai-Basilikumblättchen. Dazu passt Basmati-Reis.

Wie schmor' ich …

EINEN BRATEN?

Und zwar einen vom Schwein in Weißwein? Denn mit Rind, Lamm und Rotwein haben wir jetzt erst mal genug im Dunkeln geschmort.

Das Prinzip ist aber immer das gleiche: Fleisch anbraten, Gemüse dazu, ablöschen, einkochen, aufgießen und den Braten in Sauce so würzig-mürbe garen, wie er ohne sie nie werden würde. Am besten im Ofen und zuvor mariniert. Wir brauchen für 4–6 Esser: 2 unbehandelte Zitronen, 4 Zwiebeln, 5 Zweige Thymian, 3 Lorberblätter, 3 cm Zimtstange, 700 ml Riesling. Dann noch 1 kg Schweineschulter, 1 Bund Suppengrün und 100 g durchwachsenen Räucherspeck. Plus Salz, Pfeffer, 2 EL Öl und 1 EL Tomatenmark.

1. Für die Marinade die Zitronen heiß waschen. 1 Zitrone dünn abschälen, beide Früchte auspressen. 2 Zwiebeln schälen und würfeln, die Kräuter abbrausen. Alles mit Zimt, Wein und 200 ml Wasser aufkochen. Das Fleisch im großen Topf mit der heißen Marinade übergießen, abkühlen und zugedeckt im Kühlschrank 2 Tage ziehen lassen. Dabei öfters wenden.

2. Ofen auf 200 °C vorheizen (Umluft 180 °C). Das Fleisch aus der Marinade nehmen, 2 Stunden bei Raumtemperatur entspannen lassen. Marinade durch ein Sieb gießen. Übrige Zwiebeln und Suppengrün putzen, schälen und wie den Speck grob würfeln. Das Fleisch salzen und pfeffern. Bräter auf dem Ofenboden samt Öl erhitzen, Fleisch rundum anbraten. Gemüse und Speck 5 Minuten mitbraten, das Bratfett abgießen. Tomatenmark kurz mitrösten. Mit etwas Marinade ablöschen und einkochen lassen – zweimal wiederholen.

3. Die Hälfte der übrigen Marinade zugießen und den Braten im Ofen (unten auf dem Boden) 1 1/2–2 Stunden garen, dabei öfters mit Bratensaft beschöpfen. Zum Schluss den Braten aus dem Bräter nehmen und im ausgeschalteten Ofen 15 Minuten ruhen lassen. Derweil den Bratensaft durch ein Sieb gießen, abschmecken und mit dem aufgeschnittenen Braten servieren.

TRUTHAHN IN MILCH

Zutaten für 4–6 Portionen
6–8 Zweige Kräuter (Rosmarin, Thymian, Oregano) • 3 Knoblauchzehen • 2 Zwiebeln • 200 g grobe rohe Bratwürste • 1 Putenbrust (600 g mit Haut, vom Metzger für Rollbraten einschneiden lassen) • 80 g durchwachsener Räucherspeck in Scheiben • Salz • Pfeffer • 3 EL Öl • 1 TL Mehl • 1/2 l Milch

Zubereitungszeit: 45 Minuten
(+ **40 Minuten Garen**)

› Die Kräuter waschen und trockenschütteln. Knoblauch schälen und fein würfeln. Die Zwiebeln schälen und würfeln. Das Wurstbrät aus der Pelle drücken.

› Backofen auf 200 °C (Umluft 180 °C) vorheizen. Die Putenbrust mit der Hautseite aufs Brett legen und aufklappen. Mit Knoblauch bestreuen und mit Speck belegen. Brät darauf geben, die Brust einrollen und mit Küchengarn binden. Kräuter unters Garn stecken.

› Putenbrust salzen und pfeffern. Bräter mit 2 EL Öl darin auf dem Ofenboden erhitzen, die Brust darin auf allen Seiten anbraten und herausnehmen. Die Zwiebeln im Bratfett 1 Minute anbraten. Mehl dazugeben und kurz anrösten. Die Milch zugießen.

› Die Putenbrust wieder in den Bräter geben und im Ofen auf der mittleren Schiene 30 Minuten garen, dabei öfters wenden. Dann noch 10 Minuten im ausgeschalteten Ofen ruhen lassen. Die Sauce durchs Sieb streichen und zum Braten servieren.

← *Gutes von der Kuh macht die schnöde Pute zur Delikatesse: Truthahn in Milch geschmort.*

Wie brat' ich ...

EINEN KRUSTENBRATEN?

Der Schweinsbraten ist Bayerns Heiligtum und hat zwei Arten von Anhängern – die Saftfleischfraktion, die einen durchwachsenen Schweinenacken hernimmt, und die hier bediente Krustenfraktion, die auf Schulter mit Schwarte setzt. Davon braucht es für 4–6 Esser 1 1/2 kg. Dazu Salz, Essig, 500 g Spareribs oder andere Schweinsknochen, 1 Bund Suppengrün, 2 Zwiebeln, Pfeffer.

1. Erst wird die Schwarte gefestigt. Dazu 1/4 l Wasser mit je 1 EL Salz und Essig in einer Schüssel verrühren und den Braten mit der Schwarte hineinsetzen. 1 Stunde bei Raumtemperatur stehen lassen. Spareribs in die einzelnen Rippen schneiden. Suppengrün waschen und putzen oder wie die Zwiebeln schälen, alles würfeln.

2. Den Backofen auf 200 °C (Umluft 180 °C) vorheizen. Braten salzen, pfeffern, mit der Schwarte nach unten in einen Bräter setzen (Salzwasser aufheben). Ribs, Suppengrün und Zwiebeln darum verteilen und etwa 1/4 l Wasser zugießen, sodass die Schwarte darin liegt. Den Braten für 1 Stunde in den Ofen (Mitte) schieben.

3. Nun den Braten wenden und die Schwarte bis ans Fleisch kreuzweise einschneiden. Noch mal für 30 Minuten in den Ofen (Mitte) schieben, eventuell noch etwas Wasser angießen. Dann die schon leicht gebräunte Schwarte mit dem Salzwasser bestreichen und 15 Minuten bräunen. Den Ofen auf 250 °C hochschalten, die Schwarte nochmals bestreichen und in weiteren 15 Minuten ausbraten, ohne dass sie zu dunkel wird.

4. Den Krustenbraten aus dem Bräter nehmen und im ausgeschalteten und leicht geöffneten Ofen 10–15 Minuten ruhen lassen. Inzwischen den Bratensatz mit 1/2 l Wasser loskochen und um ein Drittel einkochen lassen, dann durch ein Sieb gießen. Den Braten quer zur Faser aufschneiden und mit seinem Saft servieren.

EIN KNUSPRIGES HÄHNCHEN?

Auch das kann man gut in Bayern, vor allem auf dem Oktoberfest, woher das Rezept stammt. Der Knuspertrick mit dem Salz kommt allerdings aus Australien. Außer dem Brathähnchen von 1,2–1,5 kg brauchen wir noch 2 TL Salz, 3 TL edelsüßes Paprikapulver, 1 TL Puderzucker und 1 TL Zitronensaft sowie 1 Bund Petersilie, 1 Knoblauchzehe und 50 g weiche Butter.

1. **Für den Salztrick** werden Salz, Paprikapulver, Puderzucker und Zitronensaft mit 4 EL Wasser verrührt. Dann wird das Hähnchen mit der Hälfte des Würzwasser rundum eingepinselt und kommt für 1 Stunde in den Kühlschrank.

2. **Die Petersilie** waschen und trockenschütteln, die Blätter grob hacken. Knoblauch schälen und fein würfeln. Beides mit der Butter vermischen.

3. **Den Backofen auf 200 °C vorheizen** (Umluft 180 °C). Das Hähnchen nun rundum trockentupfen und die Bauchhöhle mit Kräuterbutter ausreiben, auf einen Gitterrost setzen. In die Mitte des Ofens schieben, mit einem Blech drunter. 30 Minuten braten lassen.

3. **Jetzt den Ofen auf 225 °C** (Umluft 180 °C) aufheizen und das Hähnchen mit übrigem Würzwasser bestreichen. 15 Minuten braten, dabei öfters mit dem Bratfett einpinseln. Nun noch 10 Minuten ohne Bestreichen garen, damit die Haut gut knusprig wird. Am Ende das Brathähnchen weitere 10 Minuten im ausgeschalteteten und leicht geöffneten Ofen ruhen lassen.

Wie grill' ich ...

BBQ-SPARERIBS?

Innen zart und außen knusprig, so müssen „real american spareribs" vom Barbecue-Grill (kurz BBQ genannt) sein. Hier steht, wie's geht.

Wobei dies nur die Annäherung für den Hausgebrauch ist, da das stundenlange Garen von halben Schweinen in traktorgroßen Grilltanks nur was für Freaks ist. Können wir ja noch werden. Für 4–6 Einsteiger braucht's erst mal: 2 kg Spareribs am Stück (Schweinerippen, beim Metzger vorbestellen), 2 TL Salz, 1/2 TL Pfeffer, 1 Knoblauchzehe, Saft von 1 1/2 Zitronen, 3 EL Öl, 150 g Tomatenketchup, 2 EL Rübensirup oder dicker Honig, 1 TL Worcestersauce, 1/2 TL Tabasco oder Cayennepfeffer und 1 TL Gewürzmischung – das kann Curry sein, chinesisches Fünfgewürz oder eine Grillmischung.

1. Die Spareribs werden erst mal geteilt, in handbreite Stücke, deren Fleisch zwischen den Rippen nur eingeschnitten wird (kann der Metzger erledigen). Nun mit 1 TL Salz und Pfeffer einreiben und 30 Minuten in der Küche stehen lassen. Derweil Knoblauch schälen, hacken, mit übrigem Salz bestreuen und mit der Messerklinge zur Paste zerdrücken. Mit dem Saft von 1 Zitrone und 2 EL Öl verrühren, die Spareribs damit einreiben. 2 Stunden kühl stellen.

2. Nun den restlichen Zitronensaft samt allen übrigen Zutaten zur Glasur verrühren. Die Spareribs 1 Stunde vor Grillbeginn aus dem Kühlschrank nehmen und den Grill anheizen. Fleisch mit Küchenpapier trockentupfen und an den Rand des Grills legen, wo die Hitze nicht so stark ist. Dort 20–25 Minuten garen, dabei öfters wenden und mit Glasur bepinseln.

3. Anschließend die Spareribs rundum mit der Glasur einstreichen und weitere 15–20 Minuten an heißerer Stelle garen. Sobald die Glasur trocken und dunkel wird, erneut bepinseln. In den letzten Minuten die Spareribs ohne Bepinseln glänzend und knusprig zugleich grillen. 5 Minuten am Rand des Grills ruhen lassen, dann mit scharfen Steakmessern servieren.

↓ *Fingerfood für Stäbchenhasser: Thai-Spareribs mit süßer Chilisauce.*

THAI-SPARERIBS

Die kommen auch im Winter gut – einen Grill brauchen sie nämlich nicht.

Zutaten für 4 Portionen
1 1/2 kg kleine Spareribs • 4 Knoblauchzehen • 1 TL Salz • 150 ml süße Chilisauce • 4 EL Fischsauce • 2 EL Sonnenblumenöl • 1 TL Sesamöl • 1 EL Honig • 1 1/2 kg Frittierfett • 2 Limetten

Zubereitungszeit: 30 Minuten
(+ **über Nacht Marinieren**)

› Spareribs vom Metzger in einzelne Rippchen zerteilen lassen. Knoblauch schälen, hacken, mit Salz bestreuen und mit der Breitseite der Messerklinge zur Paste zerreiben. Diese mit 4 EL Chilisauce, der Fischsauce, den Ölen und dem Honig verrühren und die Spareribs damit vermengen. Für 12 Stunden zugedeckt im Kühlschrank marinieren lassen.

› Fett im großen Topf auf 180 °C erhitzen. Es ist soweit, wenn vom eingetauchten Holzlöffelstiel sofort kleine Bläschen aufperlen. Marinade von den Spareribs abstreifen, diese gut trockentupfen und portionsweise in je 6–7 Minuten im Fett knusprig backen, dabei öfters drehen. Die Spareribs auf Küchenpapier abfetten lassen und mit den in Spalten geschnittenen Limetten und der übrigen Chilisauce zum Dippen servieren.

MIT FISCH

Guten Fisch zu kochen, das ist nicht so schwer. So lange man sich erstens daran hält, dass Fisch nicht kochen darf, wenn er fein werden soll. Und es zweitens erst mal mit dem Dünsten versucht. Oder drittens mit dem Braten anfängt, denn das ist die beliebteste Art, Fisch zuzubereiten und ihn dann auch zu genießen. Also, fassen Sie sich ein Herz, gehen Sie direkt zur Fischtheke und greifen Sie zu – am allerbesten zu Beginn zum Filet.

Wie brat' ich …

EIN FISCHFILET?

Erstens nicht zu heiß und zweitens kürzer, als man denkt. Der Rest hängt von Dicke und Form des Filets ab.

Die Bandbreite reicht von flach (Scholle, Seezunge), etwas flach (Seelachs, Rotbarsch, Zander), über dicker (Kabeljau, Lachs) bis dick (Tunfisch). Pro Esser rechnet man 120–150 g. Gebraten wird in 1 EL Butter (nordisch), Öl (mediterran) oder einer Mischung aus beidem. Plus: Salz, Zitronensaft, Mehl.

1. Sind Filets ungleichmäßig, werden sie mit einem flachen schrägen Schnitt in gleich dicke Schnitzel geteilt. Zu große, aber gleichmäßige Stücke können senkrecht geteilt werden. Ist in der Mitte eine Grätenreihe, wird sie mit der Messerspitze herausgelöst. Abbrausen? Wenn die Filets sehr frisch sind, also fest-elastisch mit klarem Glanz und ohne Fischgeruch – nein. Aufgetauter Fisch – ja. Und danach immer mit Küchenpapier trockentupfen.

2. Gesalzen wird direkt vor dem Braten, so bildet sich keine Feuchtigkeit auf dem Filet. Zitronensaft macht das Fleisch fester, aber auch sauer. Zarte Stücke können noch in Mehl gewendet werden (Überschuss abklopfen!). Das gibt Kruste und verhindert ein Ankleben in der Pfanne, die beschichtet sein sollte.

3. Die Pfanne wird auf mittlerer Stufe erhitzt, nun kommt das Fett hinein. Zischt es bei Berührung mit dem Fisch leise und satt, ist er dran – mit der schöneren Seite nach unten. Nach dem Wenden wird er mit Fett beschöpft. Die Zeiten: dünne Filets von 100–120 g 1–2 Minuten je Seite, 150-g-Filets 2–3 Minuten (auf der Hautseite jeweils 1 knappe Minute länger). Lachs oder Tunfisch dürfen am Ende innen noch „glasig" sein, also nicht ganz durch.

Wer's mag, kann nach dem Wenden Thymian, Rosmarin, Knoblauch, Chili oder Ingwer mitbraten. Ganz zum Schluss zarte Kräuter dazugeben, ebenso Kapern, Sardellenfilets und noch ein Stückchen frische Butter.

FOGOSCH MÜLLER

Die Forelle Müllerin hat ihren Namen daher, dass des Müllers Frau sie vorm Braten immer in Mehl wendete, das aus des Mannes Mühle kam. Der war nun halber Ungar, und alsbald wünschte er sich mehr Aroma dran. Kurz darauf versteckte er gute Würze im Mehl und Knoblauch in der Butter. Und da er eigentlich auch Gräten nicht mochte, sagte er: „Heute waren keine Forellen im Mühlenbach, ich habe beim Fischer ein Filet vom Zander geholt (ungarisch „fogas", gesprochen fogosch) ... Das schmeckte so gut, dass es ab da in der Mühle des Ungarn nur noch Fogosch Müller gab. Geht auch mit anderen Fischfilets.

Zutaten für 4 Portionen
2 Knoblauchzehen • 4 EL weiche Butter • 4 EL Mehl • 1/2 TL edelsüßes Paprikapulver • weißer Pfeffer • 4 Stängel krause Petersilie • 4 Zanderfilets (je 120 g, mit Haut) • Salz • 1/4 Zitrone

Zubereitungszeit: 20 Minuten

› Den Knoblauch schälen, fein hacken und mit 2 EL Butter vermengen. Das Mehl mit Paprika und viel frisch gemahlenem Pfeffer vermischen. Petersilie waschen und trockenschütteln, die Blätter grob hacken.

› Die größte Herdplatte mit einer großen beschichteten Pfanne darauf auf Mittelstufe vorheizen. Zanderfilets gut trockentupfen und beide Seiten mit Salz bestreuen. Dann die Filets in dem Paprikamehl wenden.

› Die übrige pure Butter in die Pfanne geben und aufschäumen lassen. Die Zanderfilets mit der Hautseite hineinlegen, sodass es leise zischt, und in 2–3 Minuten goldgelb braten. Wenden, die Knoblauchbutter zugeben und die Filets in 1–2 Minuten fertig braten.

› Die Zanderfilets aus der Pfanne nehmen und auf warme Teller geben. Die Petersilie in der Bratbutter aufschäumen lassen, den Zitronensaft dazupressen und das über den Filets verteilen. Dazu: Salzkartoffeln.

KNUSPERLACHS

Ein simpler Trick, der auf den Lachs und alle Liebhaber von krosser Fischhaut eine große Wirkung hat: Salz zieht vor dem Braten das Wasser aus der Haut, wodurch sie dann wie Speck knusprig ausbrät. Das funktioniert auch bei anderen gebratenen Fischfilets mit Haut.

Zutaten für 4 Portionen
600 g Lachsfilet am Stück (samt Haut, die vom Händler geschuppt wurde) • Salz (am besten grobes Meersalz) • 4 EL Öl

Zubereitungszeit: 25 Minuten

↓ *Hier knuspert erst mal nur das Salz, aber bald auch die Haut – daher der Name „Knusperlachs".*

› Erst einmal mit der Hand übers Lachsfilet streichen. Stecken da noch große Gräten drin? Dann brauchen wir jetzt eine möglichst spitze und sehr saubere Pinzette oder Zange (zur Not geht auch eine Schere), mit der wir die Gräten eine nach der anderen an der Spitze packen und herausziehen. Und das nächste Mal erledigt das bitte der Herr Fischhändler gleich beim Schuppen mit, ok?

› Nun das Filet mit der Hautseite nach oben auf einen Teller legen, die Haut kräftig mit 3 TL Salz einreiben. 10 Minuten einwirken lassen. Dann die Haut mit Küchenpapier gut trockenwischen. Das Lachsfilet mit einem scharfen Messer quer in 4 gleichmäßige Stücke – der Profi sagt „Tranchen" – teilen.

› Eine große beschichtete Pfanne auf Mittelstufe erhitzen und das Öl hineingeben. Die Lachstranchen mit der Hautseite nach unten 2–3 Minuten im Öl knusprig braten. Dann salzen, wenden und in etwa 2 Minuten fertig braten, sodass sie innen noch nicht ganz durch sind – „glasig" sagt der Profi. Sollen die Tranchen lieber durch sein, ganz einfach 1 Minute länger braten. Sehr hohe Stücke dürfen auch noch kurz auf den Seiten angebraten werden.

› Am Ende die Filets zwischen zwei tiefen Tellern 1 Minute ruhen lassen und mit der Knusperhaut nach oben servieren. Dazu schmecken Kartoffelsalat (Seite 196) und Thai-Gurkensalat (Seite 191).

Wie brat' ich ...

EINEN FISCH?

Muss das denn sein? Das Getue davor, die Gräten danach – warum kein Filet? Weil Fisch komplett gegart einfach besser schmeckt.

Das Fischfleisch bleibt beim Braten zwischen Gräte und Haut saftiger als beim blanken Filet. Zum Einstieg sind Plattfische wie Schollen gut; klassisch sind Süßwasserfische wie die Forelle (hier im Bild). Auch Sardinen oder Rotbarben aus dem Meer sind gut zum Braten. Fortgeschrittene versuchen sich an Seezunge oder Makrele. Da Haut und Gräten die Hälfte bis zwei Drittel ausmachen können, braucht man für 1 Portion (120–150 g) 250–400 g Fisch = 1 Scholle oder Forelle, 3–4 Sardinen oder kleine Rotbarben. Dazu kommen: Salz, Pfeffer, Zitronensaft, Mehl, 2–3 EL Fett (Öl und/oder Butter).

1. Der Frischetest fällt leicht beim ganzen Fisch: klare Augen, rote feuchte Kiemen, glänzende Haut, festes Fleisch, kein Fischgeruch – das ist Frische. Das Ausnehmen und Schuppen soll der Fischhändler erledigen, der dazu Bauch-, Rücken- und Schwanzflossen stutzt – und so den Fisch „küchenfertig" macht.

2. Vor dem Braten wird der Fisch kalt abgebraust und trockengetupft. Das geschieht innen und außen, wie auch das Salzen. Pfeffer und Zitronensaft können, müssen aber nicht sein. Für die Kruste und gegen das Ankleben in der Pfanne gut: Fisch in Mehl wenden und dann abklopfen.

3. Dann wird gebraten. Dazu in einer großen beschichteten Pfanne das Fett (Öl fürs längere Braten, für kleine flache Schnellbrater geht Butter oder ein Öl-Butter-Gemisch) mittelheiß werden lassen. Zischt es leise, wenn der Fisch das Fett berührt, kann er hinein. Kleine und flache Fische braten auf jeder Seite 3–4 Minuten, größere wie die Forelle brauchen 5–6 Minuten, wobei die Hitze gegen Ende etwas reduziert wird. Den Fisch zwischendrin mit zwei Pfannenhebern wenden. Wer mag, kann noch robuste Kräuter (Thymian), Gemüse (Kirschtomaten, Staudensellerie) und Zitronenstücke mitbraten.

OFENBARBEN

Von unten geben Zucchini gut Dampf, oben schützt eine leckere Kruste – so garen nicht zu große, ganze Fische saftig im Ofen. Hier nehmen wir Rotbarben. Fein wird's auch mit Sardinen oder Heringen.

Zutaten für 4 Portionen
4 küchenfertige Rotbarben (je 150 g) • 600 g kleine Zucchini • 4 Frühlingszwiebeln • 1 Bund Basilikum • 1 EL Zitronensaft • 100 ml Olivenöl • 6 Sardellenfilets • 8 EL Semmelbrösel • 6 EL gemahlene Mandeln • Salz • Pfeffer

Zubereitungszeit: 30 Minuten
(+ 15 Minuten Garen)

› Die Fische innen und außen waschen und trockentupfen. Zucchini waschen, von Stielansätzen befreien, längs vierteln und in 1 cm dicke Stücke schneiden. Frühlingszwiebeln waschen und putzen, dann in grobe Ringe schneiden. Basilikumblättchen hacken und die Hälfte davon mit Zwiebeln, Zucchini, Zitronensaft und 2 EL Öl mischen.

› Den Backofen auf 200 °C (Umluft 180 °C) vorheizen. Die Sardellenfilets hacken und mit dem übrigen Öl, restlichem Basilikum, den Bröseln und den Mandeln vermischen. Das Gemüse salzen und pfeffern und auf ein Backblech verteilen.

› Die Rotbarben innen und außen mit Salz und Pfeffer würzen und die Bröselmischung auf eine Seite der Fische streichen. Die Rotbarben mit der Bröselseite nach oben aufs Gemüse legen und etwa 15 Minuten im Ofen (Mitte) garen, bis die Kruste schön gebräunt ist. Dazu passt Reis oder Baguette.

GRATINIERTER LINSENLACHS

Ok, ich mag Lachs. Weil man mit ihm so viel machen kann. Zum Beispiel in Rotwein, auf Linsen und mit Kartoffeln überbacken. Der Clou ist hier, dass er im Ganzen in die Form kommt – so bleibt er schön saftig.

Zutaten für 4 Portionen
200 g braune Linsen • 1 Knoblauchzehe • 1 Lorbeerblatt • 400 ml Rotwein • 400 g kleine fest kochende Kartoffeln • Salz • 5 EL Essig • Pfeffer • 600 g Lachsfilet am Stück (ohne Haut) • 2 Eigelbe • 4 EL saure Sahne • 1 EL scharfer Senf

Zubereitungszeit: 1 Stunde
(+ 30 Minuten Garen)

› Linsen im Sieb abbrausen, Knoblauch schälen. Linsen samt Knoblauch und Lorbeerblatt im Wein mit 200 ml Wasser bei mittlerer Hitze in 30–40 Minuten bissfest kochen.

↓ *Schön saftig unter der Kartoffelkruste mit Rotwein gegart: gratinierter Linsenlachs.*

› Inzwischen die Kartoffeln waschen, schälen, in dünne Scheiben hobeln und in Salzwasser in 2–3 Min. knackig kochen. Die Scheiben in ein Sieb abgießen und kurz mit kaltem Wasser abbrausen. Gut abtropfen lassen.

› Das Lorbeerblatt und den Knoblauch aus den gegarten Linsen nehmen und diese mit dem Essig, Salz und Pfeffer abschmecken. Sie sollten leicht suppig sein, ansonsten noch etwas Rotwein dazugeben. Die Linsen in eine Gratinform füllen. Den Lachs mit Küchenpapier gründlich trockentupfen, mit Salz und Pfeffer würzen und auf die Linsen legen.

› Den Backofen auf 200 °C (Umluft 180 °C) vorheizen. Eigelbe, saure Sahne und Senf mit Salz und Pfeffer verrühren und mit den Kartoffelscheiben vermengen. Diese dachziegelartig auf den Lachs legen.

› Die Form auf der mittleren Schiene in den Ofen schieben und den Lachs 25–30 Minuten garen. In den letzten 3 Minuten den Grill anschalten, sodass die Kartoffeln noch leicht gebräunt werden.

Wie mach' ich ...

POCHIERTEN FISCH?

„Gekochter Schellfisch" ist eigentlich „pochierter Schellfisch". Denn Fisch sollte nicht kochen, da das sein Fleisch trocken und grob macht. Daher gart man ihn in Flüssigkeit, die beim Einlegen nur leicht siedet, sodass er darin garzieht – also „pochiert".

1. Am besten wird Fisch pochiert, der noch durch seine Haut vor dem Auslaugen geschützt und durch seine Gräten zusammengehalten wird. Dies können ganze Fische sein wie Forellen oder Schollen (pro Person ein 300-g-Fisch) und Fischkoteletts wie von Waller oder Schellfisch (2 x 100 g pro Person). Alle Filets besser dämpfen oder dünsten, was sie zart und aromatisch macht.

2. Die Flüssigkeit zum Pochieren kann Salzwasser oder Fischfond sein (gekauft oder selbst gekocht, Seite 176), womit der Fisch ein intensiveres Aroma bekommt. Ideal ist Gemüse-Wein-Sud: Für 1 l (reicht für 8 kleine Fischkoteletts oder 2 Portionsfische) 1 Zwiebel schälen und 2 Bund Suppengrün waschen und putzen oder schälen, alles in kleine Stücke schneiden. Mit 1 Lorbeerblatt, 1 Stängel Petersilie und 1 TL Salz in 1/4 l Weißwein und 1 1/4 l Wasser aufkochen. 30 Minuten köcheln lassen und durchs Sieb passieren.

3. Der Sud kommt in einen passenden Topf. Für die Koteletts ist der weit und flach, sodass sie gut herausgehoben werden können. Für die ganzen Fische kann er ruhig etwas höher sein, damit etwa eine Forelle auch gut hineinpasst. In jedem Fall den Sud aufkochen, salzen und auf kleiner Stufe zum Sieden stellen, wobei sich die Oberfläche nur ganz leicht bewegen darf. Darin die Koteletts 5–6 Minuten pochieren und mit der Schaumkelle herausnehmen. Die Portionsfische ziehen in 10–12 Minuten gar. Aus dem Sud lässt sich eine cremige Sauce zum Fisch kochen, wie auf Seite 163 im Saucenkapitel beschrieben. Dort finden sich auch Mayonnaise, Hollandaise oder Pesto, die bestens zu pochiertem Fisch passen.

... GEDÄMPFTEN FISCH?

Vor allem für Filets ist das Dämpfen eine gute Alternative zum Pochieren, da sie in keinem Sud auslaugen können. Auch nicht zu dicke, ganze Fische wie Scholle, Seezunge oder etwa ein Red Snapper lassen sich gut dämpfen. Hier wird die Haut mehrmals eingeschnitten. Nun schont der Dampf zwar das Aroma des Fischs, aber er kann ihm auch nur schwer neues Aroma geben. So würzt man ihn 15 Minuten vor dem Dämpfen mit Salz, Zitronensaft oder einer Marinade.

1. Entweder gart der Fisch direkt über Dampf, was in einem Dämpfeinsatz bwz. -aufsatz aus Edelstahl oder in einem asiatischen Bambuskörbchen geschehen kann. Einige Salatblätter schützen dabei die Stücke vor direkter Hitze und vorm Anhängen. Oder man legt die Filets auf einen Teller, der später im Topf auf eine aus der Flüssigkeit ragende Schale gestellt wird.

2. Als Flüssigkeit wird oft Wasser verwendet, es kann aber ebenso ein intensiver Aroma-Sud (zum Beispiel mit Knoblauch oder Ingwer) sein. Die Flüssigkeit wird im Topf aufgekocht. Dann den Aufsatz auf den Topf setzen, den Einsatz oder das Körbchen in den Topf setzen. Dabei sollte dessen Boden mindestens 3 cm Abstand zur Flüssigkeit haben. Fisch rein, Deckel drauf und dämpfen: dünne Filets (80–100 g) 2–3 Minuten und dickere (120–150 g) 6–8, kleine Fische (200–300 g) 10–12 und größere (400–600 g) 15–20 Minuten.

... GEDÜNSTETEN FISCH?

Das Dünsten liegt zwischen Pochieren und Dämpfen: Ganze Fische oder Fischfilets liegen auf einem Gemüsebett mit etwas Flüssigkeit drumrum und garen sanft unterm Deckel in Sud und Dampf zugleich.

1. Zuerst wird zerkleinertes Gemüse in 1 EL Butter oder Öl angedünstet – pro Portion 150 g, zum Beispiel Lauch, Wurzelgemüse, Fenchel, Staudensellerie, Gurke, Tomate. Das knapp mit Wasser, Sud, Wein oder Sahne bedecken (bei 600 g etwa 300 ml), würzen und bissfest kochen.

2. Darauf kommt der gewürzte Fisch und wird zugedeckt sanft gegart (dabei einmal wenden): dünne Filets (80–100 g) 2–3 Minuten und dickere (120–150 g) 5–6, kleine Fische (200–300 g) 8–10 und größere (400–600 g) 15–20 Minuten. Am Ende ist alles fertig: Fisch, Gemüse, Sauce.

Wie brat' ich …

KNOBLAUCH-GARNELEN?

Mit der Schale oder ohne? In diesem Fall: ohne. Damit der Knoblauch an die Garnele kann, und damit das Öl nicht an den Fingern hängt.

Garnelen samt Schale in die Pfanne zu werfen, das hat was: Geschmack pur. Hier aber soll viel Aroma ins Fleisch. Gekauft werden die Garnelen trotzdem samt Schale, weil sie billiger sind als ohne. Und sie dürfen gefroren sein, denn der Fischhändler taut auch nur auf. Für 4 Esser brauchen wir: 1 kg fingerdicke rohe TK-Tiefseegarnelen mit Schale, 3–4 Knoblauchzehen, 2 kleine Chilischoten, 4 Stängel Estragon, 100 ml trockenen Weiß- oder Roséwein, 70 ml Olivenöl, 2 TL Zitronensaft, Salz (am besten Meersalz), 2 EL Butter.

1. Über Nacht tauen die Garnelen im Kühlschrank auf. Ist der Vorderkörper dran, wird er danach abgedreht. Nun die Schalen nach und nach von der Bauchseite her mit den Fingern zur Seite abziehen. Garnelenschwänze am Rücken längs ganz leicht einschneiden, die Därme entfernen. Abspülen.

2. Für die Marinade Knoblauch schälen und hacken. Chilis waschen, putzen, entkernen und hacken. Estragon waschen und trockenschütteln. Die Blätter hacken, Stängel mit Knoblauch und Chili im Wein aufkochen. Öl (3 EL aufheben) und Zitronensaft einrühren. Garnelen darin 1 Stunde ziehen lassen.

3. Die Garnelen aus der Marinade holen und trockentupfen. Übriges Öl in einer Pfanne zwischen mittlerer und stärkster Stufe erhitzen. Garnelen darin 1–2 Minuten braten, bis sie rundum rot sind. Kräftig salzen, aus der Pfanne nehmen. Dafür darin die Marinade fast einkochen lassen. Garnelen samt Butter und dem Estragon zugeben, 1 Minute schwenken. Auf den Tisch stellen und genießen. Dazu: Baguette und Aioli (Seite 156).

Keine Angst vor Meeresfrüchten: etwas Wein, eine Menge Knoblauch und dazu ein Stück Brot,

ordentlich Hitze unter die Pfanne – schon kann zugelangt werden. Aber bitte nur mit den Händen, ja?

KNUSPRIGE THAI-CURRY-GARNELEN

Die sind ummantelt von einem luftig dünnen Teig, in dem würzige Currypaste und Fischsauce steckt. Ganz frisch sind sie am besten.

Zutaten für 4 Portionen
6 EL Mehl • 1 EL Speisestärke • 1/2 TL Backpulver • 1 EL Fischsauce • 1 TL rote Currypaste • 1 1/2 kg Fett zum Frittieren • 1 kg rohe Tiefseegarnelen (mit Schale oder 600 g geschälte) • 1 Limette • Salz • süße Chilisauce zum Dippen

Zubereitungszeit: 30 Minuten

› Das Mehl mit Stärke und Backpulver vermischen, die Fischsauce mit der Currypaste verrühren. Beides mit einem Kochlöffel mit etwa 100 ml Wasser verrühren, bis der Teig glatt und nicht zu dickflüssig ist. Er sollte die Garnelen später gut umschließen, ohne dabei „Buckel" zu bilden oder sofort wieder abzulaufen. Ist er zu dünn, noch etwas Mehl dazugeben. Und ist er zu dick: noch Wasser unterrühren. Den Teig 15 Minuten quellen lassen.

› Derweil einen weiten Topf zu drei Vierteln mit dem Frittierfett befüllen und auf 180 °C erhitzen. Wird ein Holzlöffelstiel hineingetaucht und perlen an ihm sofort kleine Luftbläschen hoch, hat das Fett die richtige Temperatur. Die Garnelen wie auf Seite 144 beschrieben schälen und von dem Darm befreien, dabei jeweils das Schwanzende dran lassen. Die Limette achteln.

› Nun die Garnelen an der Schwanzspitze nehmen und in den Teig tauchen. Je 5 Stück in 1–2 Minuten im Fett goldgelb ausbacken, sodass sie sich leicht kräuseln und der Schwanz rot wird. Salzen und mit Chilisauce zum Dippen und Limettenachteln servieren.

FRITTIERTE TINTENFISCHRINGE

Schöner klingt natürlich der italienische Name „calamare fritti". Was man aber im Lokal darunter so bekommt, kann ganz schön zäh sein. Man darf sie eben nur kurz garen: Was viel länger als 1 Minute dauert, macht sie fest. Populäres Calamare-Problem Nr. 2: Vor lauter Teig und Fett schmeckt man nichts mehr vom Meer. Daher werden hier die Tintenfischringe nur in Würzmehl gehüllt.

Zutaten für 4 Portionen
600 g küchenfertige Calamare-Tuben (mehr dazu rechts) • 1 kg Frittierfett • 80 g Mehl • 2 EL Salz • 2 EL weißer Pfeffer • 2 EL rosenscharfes Paprikapulver • 1 Bund Petersilie • 1 Zitrone

Zubereitungszeit: 30 Minuten

↓ *Scharfes Streetfood für zu Hause, serviert in einer Tüte aus Butterbrotpapier: frittierte Tintenfischringe.*

› Vielleicht hat Ihr Fischhändler frische Calamare-Tuben – jene weißfleischigen Körper, die an Röhren erinnern (englisch „tubes"). Dann bitten Sie ihn, die für Sie bratfertig zu machen, also alles Harte im Inneren sowie äußere feste Häute zu entfernen. Tiefgekühlte Calamare-Tuben haben das schon hinter sich, sie werden nach dem Auftauen nur noch mit kaltem Wasser abgebraust und gut trockengetupft. So oder so schneidet man sie am Ende in 1/2 cm breite Ringe.

› Jetzt wird ein weiter Topf oder eine Pfanne zu drei Vierteln mit Frittierfett gefüllt, das wir auf rund 180 °C erhitzen. Wenn es soweit ist, steigen von einem eingetauchten Holzlöffelstiel sofort kleine Bläschen auf.

› Nun das Mehl mit Salz, Pfeffer und Paprika mischen. Die Petersilie waschen und trockenschütteln, die Blätter abzupfen. Die Zitrone heiß waschen und in Spalten schneiden.

› Eine große Hand voll Calamare-Ringe gründlich im Würzmehl wenden, dies gut festdrücken und die Ringe sogleich ins Fett geben. Calamare in etwa 30 Sekunden rundum knusprig ausbacken. Herausnehmen und auf Küchenpapier abfetten lassen.

› Inzwischen etwas Petersilie in wenigen Sekunden knusprig frittieren. Fertige Calamare mit Petersilie und Zitrone servieren und dann die übrigen Calamare zubereiten. Ganz frisch schmecken sie nun mal am besten.

Wie koch' ich ...

MIESMUSCHELN?

Wobei vorher zu klären wäre: Möchte ich richtig gute Muscheln oder geht es mir vor allem ums Stippen des Suds am Ende?

Wer 1a-Muscheln will, dünstet sie mit Zwiebeln im eigenen Saft. Alle, für die das Brotstippen das Beste am Muschelessen ist, nehmen noch Wein dazu. Die Basis ist stets gleich (für 4): 2 1/2 kg Miesmuscheln, 2 Zwiebeln, 4 EL Öl, 2 Lorbeerblätter. Plus 1/4 l trockener Weißwein für die Stipper. Das kann auch Sherry, Weinbrand oder Orangensaft sein, noch ergänzt durch Suppengrün, Staudensellerie oder Fenchel und aromatisiert mit Knoblauch, Ingwer, Chili und Kräutern. Ganz wichtig ist auf jeden Fall: ein ganz großer Topf.

1. Das große Muschelputzen mit Sand auswaschen und Bart abziehen übernimmt heute der Fischhändler. Zu dem geht man am besten am Tag des Kochens, länger als 1 Tag sollten Muscheln nicht im Kühlschrank bleiben. Keine Panik, wenn sich da viele leicht öffnen, was eigentlich als „verdorben" gilt: Muscheln vorm Kochen 3 Minuten ins kalte fließende Wasser werfen, so schließen sie sich. Erst was dann noch weit aufsteht, kommt weg.

2. Die Zwiebeln werden geschält, halbiert und in Streifen geschnitten. Nun im Topf bei mittlerer Hitze das Öl heiß machen und darin die Zwiebeln samt Lorbeerblättern zugedeckt 5 Minuten dünsten. Auf stärkste Hitze gehen und für Brotstipper den Wein darin aufkochen, dann die Muscheln dazukippen. Für 1a-Esser kommen sie direkt an die Zwiebeln.

3. Jetzt sofort den Deckel drauf, nach 1 Minute wird kräftig gerüttelt. Nach 5 Minuten ist Schluss: Deckel hoch und schauen, ob alle Muscheln geöffnet sind. Kaum? Noch mal 1–2 Minuten zugeben. Nur ein paar sind noch zu? Raus damit, denn die sind alt. Der Rest kommt samt Sud in Schüsseln auf den Tisch. Das Fleisch der ersten Muschel mit der Gabel aus der Schale holen, die als Zange für den Rest genommen wird. Und dann stippen – ob Saft oder Sud.

↓ *Vor dem Kochen wird gebadet, dann geht's mit Sherry und Oliven in den Topf: Muscheln „Orange".*

MIESMUSCHELN „ORANGE"

Zutaten für 4 Portionen
2 1/2 kg Miesmuscheln • 4 Knoblauchzehen • 2 Zweige Thymian • 2 Knollen Fenchel (600 g) • 1/2 Zitrone • 6 Orangen • 4 EL Olivenöl • 5 cl trockener Sherry • 100 g grüne Oliven

Zubereitungszeit: 40 Minuten

› Die Muscheln waschen und sortieren (siehe links). Knoblauch schälen und hacken, Thymian abbrausen. Fenchel waschen, putzen, vierteln, vom Strunk befreien und in Streifen schneiden. Die Zitrone und 4 Orangen auspressen, übrige samt weißer Haut schälen, halbieren und in Scheiben schneiden.

› Öl im großen Topf mittelheiß werden lassen. Fenchel darin 5 Minuten dünsten. Orangen- und Zitronensaft, Thymian und Knoblauch zugeben und 10 Minuten kochen lassen.

› Muscheln, Sherry und Oliven darin bei starker Hitze 5 Minuten zugedeckt garen. Geschlossene Muscheln wegwerfen, Orangen untermischen. 1 Minute ziehen lassen. Fertig.

PESTO

SAUCEN

Wer eine gute Sauce kochen kann, der genießt hohes Ansehen unter den Gerne-Essern. Im besten Fall schafft es so eine Delikatesse, zwischen all den feinen Sachen auf dem Teller eine echte Verbindung herzustellen. Oder sie lässt einen wenigstens vergessen, wenn der Rest mal nicht so gelungen ist. Der Fall ist aber selten – denn wer gute Sauce machen kann, der kann auch gut kochen. Wobei: Viele Lieblingssaucen werden gar nicht gekocht. Wie Pesto zum Beispiel.

Wie mach' ich …

PESTO?

Ich sage es ungern – aber Pesto und Mixer passen nicht zusammen. Und jetzt? Während die Nudeln kochen, hat man eh nichts zu tun.

Und diese Zeit ließe sich doch bestens mit Mörsern vertreiben. Gut, auf die Schnelle kriegt man Pesto auch im Mixer hin. Doch da Kräuter darin rasch bitter werden, ist auf Dauer der Mörser besser für sie. Und schließlich ist Basilikum Hauptzutat der weltberühmten ligurischen Paste zur Pasta. Für eine Schüssel für 4 Leute brauchen wir: 2 Hand voll eher kleine, feste Blätter aus einem dichten Bund, der besser im Sommer aus dem Süden kommt als im Winter vom Topfbasilikum auf der Fensterbank. Dazu: 2 EL Pinienkerne, 2 Knoblauchzehen, 1/8 l allerbestes Olivenöl (extra vergine) und 50 g Parmesan, gut gereift – also weiß, fest, trocken und salzig-süßlich.

1. Das Basilikum nicht waschen, wenn möglich, da so das Aroma verschwindet. Am besten selbst Basilikum ziehen oder zu Bio-Ware greifen. Wird er gewaschen, muss man ihn gut trocknen. Dann eine Pfanne auf mittlerer Stufe erhitzen und die Pinienkerne darin 1 Minute unter Rütteln rösten, bis sie duften, ohne zu bräunen. Raus aus der Pfanne, abkühlen lassen und hacken. Basilikum zupfen und hacken. Den Knoblauch schälen, längs halbieren und mit der Messerspitze den Keim rausholen. Die Hälften grob hacken.

2. Dies kommt alles in einen Mörser mit rauem Inneren. Nun mit dem Stößel die Zutaten zerkleinern, dann kreisend zur dicken Paste zerreiben. Diese in eine Schüssel geben und den Mörser gut mit 2 EL Olivenöl ausschwenken. Den Parmesan fein reiben und abwechselnd mit dem gesamten Öl unter die Paste rühren, bis daraus ein hocharomatisches Gemisch wird, das weder zu flüssig (zu viel Öl setzt sich oben ab) noch zu stückig (Brocken statt Paste) ist. Kann das Pesto jetzt 10–15 Minuten ziehen, wird es noch besser. Und zum Aufheben einfach in ein Gläschen füllen, knapp mit Öl bedecken, mit dem Deckel gut verschließen und kühlen – für den Winter.

KÜRBIS-PESTO

Es gibt Asia-Pesto mit Koriander, Erdnuss, Ingwer; Winter-Pesto mit Petersilie, Walnuss, Appenzeller; süßes Pesto mit Minze, Kokos, weißer Schokolade. Und es gibt geheimnisvolles Kürbis-Pesto. Geht auch mit Zucchini. Schmeckt toll zu Eiernudeln und Tortellini.

Zutaten für 4 Portionen
4 EL Kürbiskerne • 500 g Hokkaido-Kürbis • 1/8 l Olivenöl • Salz • Pfeffer • 1 kleines Bund Petersilie • 1 Bund Schnittlauch • 1 Hand voll Kartoffel-Chips • 80 g Parmesan • Cayennepfeffer

Zubereitungszeit: 25 Minuten

› Backofen auf 180 °C (Umluft 160 °C) vorheizen. Kürbiskerne dort (Mitte) 3 Minuten auf einem Blech rösten. In eine Schale geben und abkühlen lassen. Kürbis waschen, halbieren, entkernen und in 1 cm dicke Spalten schneiden. Diese mit 4 EL Öl mischen, salzen, pfeffern und auf dem Blech für 15 Minuten in den Ofen (Mitte) schieben. Abkühlen lassen.

› Die Kräuter waschen, trockenschütteln und hacken. Kürbiskerne ebenso hacken. Chips in einer Tüte zerbröseln. Dies alles im Mörser zur Paste zerreiben. Den Parmesan fein reiben. Kürbis mit übrigem Öl im Mixer zerkleinern und mit der Paste und dem Käse mischen. Mit Cayennepfeffer nach Gusto schärfen.

KOKOS-KORIANDER-SAUCE

Diese Sauce bewirkt immer wieder Wunder: Koriandergrün und Fischsauce sind ja nun wirklich keine Zutaten, die jeder mag. Und kalte Kokosmilch aus der Dose – nun ja. Aber wenn die Drei in eine Schüssel kommen und sich sauer-süß mischen, mag sie fast jeder. Perfekt zu gekochtem Fisch, als Dip zu goldbraun Frittiertem oder bloß mit Reis.

Zutaten für 4 Portionen
1/4 l Kokosmilch (aus der Dose) • 4–5 EL Fischsauce • 1 TL Limettensaft • 2 EL brauner Zucker (noch besser: Palmzucker; wer den im Asia-Laden bekommen kann – mitnehmen!) • 1 großes Bund Koriander

Zubereitungszeit: 5 Minuten
(+ 15 Minuten Ruhe)

› Die Kokosmilch mit 4 EL Fischsauce, dem Limettensaft und dem Zucker verrühren.

› Den Koriander waschen und gut trockenschütteln. Blätter von den Stängeln zupfen und nicht zu fein hacken. Das Gehackte in die Sauce rühren und diese etwa 15 Minuten ziehen lassen. Probieren – und staunen. Wer es ein bisschen salziger mag, kann noch die übrige Fischsauce dazugeben.

GRÜNE SAUCE

Im Original ist sie die Hauptsache, zu der es Salzkartoffeln und Ei gibt. Sieben Kräuter sollen rein, wobei man da diskutieren kann. Hier meine Favoriten, mit denen ich groß geworden bin. Worauf ich besteh': „Nee!“ zu „Grie Soß“ mit Basilikum, Estragon, Dill.

Zutaten für 4 Portionen
200 g Schmand • 300 g Dickmilch (saure Sahne geht auch, aber Joghurt nicht) • 4 EL Mayonnaise • 1 TL scharfer Senf • 1 Spritzer Maggi (Jawohl!) • Salz • 2 hart gekochte Eier • 2 Hand voll Petersilie, Schnittlauch, Kerbel, Borretsch (bis hierhin unbedingt), Sauerampfer, Pimpinelle, Zitronenmelisse

Zubereitungszeit: 15 Minuten
(+ 15 Minuten Ruhe)

› Den Schmand mit Dickmilch, Mayonnaise, Senf, Maggi und Salz verrühren. Die Eier schälen und mit dem Eierschneider würfeln oder mit dem Kartoffelstampfer zerdrücken, dazugeben.

› Wenn' s geht, die Kräuter nicht waschen (siehe bei Pesto, Seite 152), ansonsten danach trockentupfen. Blätter abzupfen und mit den Schnittlauchhalmen fein hacken – auf einem feucht gewischten Brett, das den Kräutersaft nicht aufsaugt. Zur Sauce geben, 15 Minuten stehen lassen.

› Dazu gibt es noch warme hart gekochte Eier und Salzkartoffeln (keine Pellkartoffeln!), die auf dem Teller genussvoll mit der Sauce vermanscht werden.

← *Hessisches Regionalgericht, das einen zum Kräutersepp werden lassen kann: Grüne Sauce.*

Wie mach' ich ...

MAYONNAISE?

Wie Püree oder Pesto ist auch die selbst gemachte Mayo ein überzeugendes Argument fürs Handwerk und gegen die Industrie.

Nun gibt es da für manche ein, zwei Probleme. Erstens sei das Selberrühren so schwierig. Tatsächlich ist es fast so simpel wie Salatsauce machen. Weswegen auch Problem Nr. 2 keines ist – Mayos kurze Haltbarkeit. Wir rühren sie uns, wenn wir sie brauchen, und essen sie dann gleich zu Pellkartoffeln, Pommes frites, Fisch aus dem Sud oder vom Grill, Salat, Toast. Für 200 g benötigen wir: 1 ganz frisches Eigelb (Mindesthaltbarkeitsdatum minus 20 Tage), 1 TL scharfen Senf, Salz, weißen Pfeffer und 1 TL Weinessig plus 100–150 ml Öl. Wichtig: Alles muss zimmerwarm sein!

1. Das Eigelb wird mit Senf, Salz, Pfeffer und Essig in einer hohen Schüssel verrührt und dann 5 Minuten sich selbst überlassen. So wird es schön gelb, die feinen Aromen können sich entwickeln, und es bildet sich eine Basis fürs Einrühren des Öls. Aber bitte nicht länger so stehen lassen, da auch das frischeste Eigelb bei zu viel Wärme die Salmonellen anzusammeln beginnt.

2. Nun in der Schüssel mit dem Schneebesen das Eigelb verschlagen und in Tropfen oder im dünnen Strahl langsam das Öl zugeben, bis es sich mit dem Eigelb verbunden hat. Vorsicht am Anfang, dass nicht zu viel auf einmal fließt, sonst löst sich die Verbindung. Passiert das, wird in der Schüssel über Wasserdampf kräftig gerührt, dann kann es weitergehen. Wird die Mayonnaise unterwegs fest, hilft 1 TL warmes Wasser. Später kann das Öl zügiger zugegossen werden. Die fertige Mayonnaise ist samtig, ohne zu fließen. Sie hält im Glas verschlossen 1 Tag im Kühlschrank – nicht länger.

3. Für Aioli, die provenzalische Knoblauchsauce, kommen 2 gehackte und mit 1/2 TL Salz zerriebene Knoblauchzehen statt Senf ins Eigelb, die Hälfte des Öls ist gutes Olivenöl. Schmeckt zu Gemüse, Suppe und Baguette.

↓ *Wer Mayonnaise macht, braucht einen guten Schneebesen. Wer Fenchelmayonnaise macht, auch.*

FENCHELMAYONNAISE

Natürlich kann die Mayo mit Curry, Safran, Paprika, Käse, Tomate, Apfel bereichert werden. Man kann aber auch Fenchel nehmen.

Zutaten für 2 Gläser (je 350 g)
1 Knolle Fenchel (250 g) • 1 Zwiebel • 1 EL Olivenöl • 1/2 TL Fenchelsamen • 5 EL Orangensaft • Salz • Zucker • 1 Döschen oder Briefchen Safranfäden (0,1 g) • 300 g Fertig-Mayonnaise • Cayennepfeffer

Zubereitungszeit: 20 Minuten

› Den Fenchel waschen, putzen und vierteln, dann samt Strunk in Streifen schneiden. Die Zwiebel halbieren, schälen und in Streifen schneiden. Das Öl im Topf sanft erhitzen, darin die Fenchelsamen 3 Minuten braten.

› Fenchel und Zwiebeln im Topf mit O-Saft, je 1 Prise Salz und Zucker sowie dem Safran in 10–12 Minuten zugedeckt weich dünsten.

› Gemüse völlig auskühlen lassen, mit der Mayo pürieren, mit Cayennepfeffer würzen. Passt zu gekochtem Gemüse, Pellkartoffeln, Grillfisch und Huhn. Haltbarkeit: 1 Woche.

Wie koch' ich ...

EIN ECHTES SUGO?

Ohne Tomaten, die grün geerntet und so auf die Reise geschickt wurden. Also mit rot gereiften Tomaten. Am besten aus der Dose.

Natürlich gibt es Tage, an denen wir an Tomaten rankommen, die unter der Sonne rot werden durften und toll schmecken. Aber solche Tage sind rar, und solche Tomaten zu schade fürs Sugo. Drum nehme ich ganze italienische Dosentomaten, die im Sommer knallrot vom Strauch genommen und eingekocht wurden. Für 4 Portionen Pasta reicht die 800-g-Dose. Außerdem: 1 Zwiebel, 2 Knoblauchzehen, 3 Sardellenfilets (nicht für Vegetarier), 3 EL Olivenöl, 1 TL getrockneter Oregano, Salz und schwarzer Pfeffer.

1. Die Tomaten werden in der Dose mit dem Messer grob klein geschnitten. Die Zwiebel halbieren, schälen und fein würfeln. Den Knoblauch schälen, längs halbieren, mit der Messerspitze den Keim herausholen. Die Hälften in ganz dünne Scheiben schneiden. Die Sardellenfilets hacken.

2. Im großen Topf das Öl erhitzen, Zwiebel mit Sardellen und Oregano darin zugedeckt bei sanfter Hitze 5 Minuten dünsten. Knoblauch 1 Minute mitdünsten, dann die Tomaten dazugeben und mit Salz und viel Pfeffer würzen. Die Sauce 15–20 Minuten ohne Deckel leise köcheln lassen, bis sie etwas dicklich ist. Fertig. Wenn darin nun Pasta, frisch aus dem Kochwasser, gleich mit etwas Parmesan geschwenkt werden, verbindet sich das perfekt.

OFENTOMATENSAUCE

Ein Rezept für frische Tomaten, selbst wenn sie nicht ganz sommerreif sind – denn der Ofen wird hier zur Aromasonne. So gut kann die Sauce im Topf gar nicht werden.

Zutaten für 4 Portionen
800 g möglichst reife Tomaten • 1 rote Paprikaschote • 1 Zwiebel • 3 Knoblauchzehen • 2 Zweige Rosmarin • 1 rote Chilischote • 4 Scheiben Parmaschinken • 100 ml bestes Olivenöl • Salz

Zubereitungszeit: 20 Minuten
(+ 1 Stunde Garen)

› Den Backofen auf 180 °C (Umluft 160 °C) vorheizen. Tomaten und Paprika waschen, putzen und vierteln. Zwiebel und Knoblauch schälen. Zwiebel halbieren und in Streifen schneiden, Knoblauch in Scheiben. Den Rosmarin waschen und trockenschütteln. Chili waschen, putzen, halbieren und entkernen. Den Schinken in breite Streifen schneiden.

› Alles in einer Auflaufform mit Öl mischen und im Ofen (Mitte) 1 Stunde garen, dabei öfters rühren. Nun die Mischung in ein Sieb schütten, unter dem ein Topf steht, und mit der Schöpfkelle durchstreichen. Aufkochen und mit Salz würzen. Schmeckt zu Pasta, gebratenem Fleisch und Fisch.

KALTE TOMATENSAUCE

Hier kocht fast gar nichts – die Tomaten ziehen nur in aromatischem Olivenöl, am besten in der Sommersonne.

Zutaten für 4 Portionen
1 kg richtig gute reife Tomaten • 1 EL Salz • 1 unbehandelte Zitrone • 2 Knoblauchzehen • 1 Bund Basilikum • schwarzer Pfeffer • 1/8 l bestes Olivenöl

Zubereitungszeit: 30 Minuten
(+ 1 1/2 Stunden Ruhe)

› Die Tomaten waschen, den Stielansätze entfernen, die Haut kreuzweise einritzen. Die Tomaten 10 Sekunden in kochendes Wasser tauchen, dann in eiskaltes Wasser. Haut abziehen, Früchte vierteln und die Kerne rausdrücken. Das Fruchtfleisch grob hacken, im Sieb mit einer Schüssel drunter mit Salz mischen, 30 Minuten stehen lassen.

› Zitrone heiß waschen, die Schale abreiben, den Saft auspressen. Knoblauch schälen und fein hacken. Die Basilikumblätter ebenfalls hacken. Alles mit grob gemahlenem Pfeffer, Öl und Tomaten mischen und 1 Stunde im Warmen stehen lassen – gerne mitten in der Sonne. Das wird dann samt einem Schluck Kochwasser mit frisch gekochten Spaghetti vermischt. Gleich essen, ohne Parmesan.

Wie koch' ich ...

EINE BRATENSAUCE?

Dieses Rezept muss von einem Mann sein – wer sonst würde sich den halben Tag lang für 'nen Liter Sauce in die Küche stellen?

Wobei: Die meiste Zeit ist wenig zu tun. Und das Ergebnis ist den Aufwand wert: viel gute Sauce, für alles, was zu wenig gute Sauce ergibt (Steaks, Rostbraten) oder durch einen Löffel davon einmalig wird (Geschnetzeltes). Wir brauchen: 1 1/2 kg Kalbsknochen (Rippen-, Röhren-, Schwanzknochen; vom Metzger walnussgroß gehackt), 3–4 Zwiebeln, 1/2 Lauchstange, je 150 g Möhren und Sellerie, 3 EL Öl, 2 EL Tomatenmark, 700 ml Rotwein, 2 EL Mehl, 1 Lorbeerblatt und 1 TL Pfefferkörner. Plus einen großen Bräter.

1. Als erstes kommt der Bräter auf den Boden des Ofens, der auf 200 °C (Umluft 180 °C) vorheizt. Die Knochen heiß waschen und trockentupfen. Das Gemüse gründlich putzen und waschen oder schälen und alles in knapp 2 cm große Stücke schneiden.

2. Öl im Bräter erhitzen und die Knochen 10 Minuten rundum anrösten. Das Gemüse 5 Minuten mitrösten, bis es schön gebräunt ist. Bräter auf den Herd holen, schräg halten und das Fett rauslöffeln. Nun das Tomatenmark 2 Minuten mitrösten. Bei Mittelhitze etwa ein Viertel des Rotweins darin unter Rühren einkochen lassen (der Profi sagt „reduzieren"), bis alles von braunem Glanz überzogen („glasiert") ist. 2 Minuten rösten, noch mal das gleiche. Und noch mal. So kriegt die Sauce Farbe, Glanz und Röstaroma.

3. Nach dem dritten Reduzieren das Mehl darin anrösten und unter Rühren 3–4 l kaltes Wasser zugießen, bis die Knochen damit bedeckt sind. Das kocht mit Lorbeer und Pfeffer bei kleiner Hitze 3 Stunden offen vor sich hin, wenn nötig noch Wasser zugießen. Dann die Sauce erst durchs grobe, dann durchs feine Sieb gießen, Knochen und Gemüse ausdrücken. Nun die Sauce im Topf bei starker Hitze mit dem restlichen Wein auf 1 l einkochen.

In der Ruhe reift der Saft: Eine langsam vor sich hin schmurgelnde Bratensauce tut einem kurz gebratenen

Steak fast immer gut, vor allem wenn sie mit Hingabe gemacht wird. Und dann schmeckt sie auch solo fein.

↓ *Mitgekochte Lorbeerblätter und frischer Estragon geben der Schalotten-Butter-Sauce das gewisse Etwas.*

SCHALOTTEN-BUTTER-SAUCE

Eine (relativ) schnelle Bratensauce, die mehr als nur Bratsatz ist – zu Steak oder Bratfisch.

Zutaten für 4 Portionen
150 g Schalotten • 100 g durchwachsener Räucherspeck • 2 Stängel Estragon • 1 TL Öl • 1 TL Zucker • 1/2 l Rotwein • 1/4 l Rinderbrühe • 2 Lorbeerblätter • 8 EL kalte Butter

Zubereitungszeit: 40 Minuten

› Schalotten schälen und vierteln, Speck fein würfeln. Estragon waschen, trocknen, hacken.

› Einen Topf auf Mittelhitze bringen, darin im Öl den Speck in 3 Minuten knusprig braten. Herausnehmen, Zucker einstreuen, schmelzen lassen. Schalotten einrühren und bei kleiner Hitze 5 Minuten zugedeckt dünsten.

› Schalotten mit 100 ml Wein ablöschen und bei starker Hitze einkochen lassen. Dies noch einmal wiederholen. Dann übrigen Wein, die Brühe, Speck und Lorbeerblätter dazugeben und alles stark auf ein Viertel einkochen.

› Die Lorbeerblätter rausfischen, auf mittlere Hitze gehen. Dann die kalte Butter in kleinen Stücken eins nach dem anderen in die Sauce rühren, bis sie schön bindet. Nicht kochen! Nun den Estragon dazu, und fertig.

Wie koch' ich …

CREMIGE SAUCE?

Cremig kommt von „crème", und das ist französisch für Sahne.

Lecker! Was nicht heißt, dass mehr Sahne auch mehr lecker ist.

Manche Saucenrezepte großer Köche können verschrecken: 1 Becher Sahne, 2 Becher Crème fraîche, 1/2 Stück Butter – schmeckt schon gut, macht aber mehr als satt. Drum setze ich öfters auf die Mehlschwitze, die Saucen mit weniger Fett bindet, und ihren eigentlichen Inhalt mehr zur Geltung bringt.

1. „Velouté" sagt der Profi zur gebundenen Sauce, deren Basis Brühe von Rind, Kalb, Huhn, Fisch oder Gemüse ist. Für 1/2 l brauchen wir 400 ml Brühe, 50 ml Weißwein, 100 g Sahne und 1 Zwiebel. Dazu können 50 g helle Gemüse kommen wie Lauch (weißer Teil), Sellerie, Fenchel oder Pilze. Gewürzt wird mit Salz, weißem Pfeffer und je 1 Spritzer Zitronensaft und Worcestersauce (zur Not Sojasauce). Und die Mehlschwitze? Bei der ist das Verhältnis 1 : 1. Für unseren 1/2 l brauchen wir also je 2 EL Butter und Mehl.

2. Und damit geht es auch los: Im Topf die Butter zerlassen (Hitze zwischen klein und mittel), ohne sie zu bräunen. Nun kommen fein gewürfelte Zwiebel bzw. Gemüse dazu. Zugedeckt 5 Minuten dünsten lassen, das Mehl einstreuen und 1 Minute „schwitzen" lassen, sodass es „blond" wird.

3. Jetzt den Topf vom Herd ziehen und die lauwarme Brühe samt Wein angießen. Dabei mit dem Schneebesen rühren, damit es keine Klumpen gibt. Nun auf den Herd damit und bei starker Hitze schnell zum Kochen bringen. Dabei ständig rühren, vor allem in den „Ecken" des Topfes. Jetzt kocht die Sauce bei seltenem Rühren 10 Minuten bei Mittelhitze vor sich hin, so ist nichts mehr mehlig an ihr. Nun die Sahne einrühren, würzen und aufkochen, fertig. Wer die Sauce ganz glatt will, gießt sie durch ein feines Sieb. Für Extra-Aroma können Gewürze und robuste Kräuter mit angeschwitzt werden oder am Ende Senf, Käse oder zarte Kräuter dazukommen.

Wie mach' ich ...

EINE HOLLANDAISE?

Schwierig! Wirklich? Ja, schon ein bisschen. Daher steht sie auch am Schluss. Aber wer Mayonnaise kann, der schafft sie auch.

Das Prinzip ist wie bei der Mayonnaise: Fett (hier Butter) wird in Eigelb gerührt, bis herrliche Sauce entsteht. Wobei hier Hitze dazukommt, die Ei gerinnen lassen kann. Daher wird Sauce Hollandaise im Wasserbad statt direkt auf dem Herd gemacht. Dazu gleich mehr. Wir brauchen für 4 Leute: 200 g Butter (gut: aus Süßrahm), 3 Schalotten, 1 Lorbeerblatt, 150 ml Weißwein, je 1 Spritzer Worcestersauce und Weißweinessig, 3 Eigelbe, Salz, Pfeffer.

1. Zuerst die Butter im kleinen Topf schmelzen lassen und beiseite stellen, bis die weiße Molke zu Boden sinkt. Schalotten schälen, hacken und samt Lorbeerblatt im Wein einkochen, bis 5 EL Flüssigkeit im Topf sind. Dies durch ein Sieb gießen, ausdrücken. Mit Worcestersauce und Essig würzen.

2. Diese Reduktion mit Eigelben in eine Metallrührschüssel (mit gewölbtem Boden) geben. Fürs Wasserbad einen Topf, in den sich die Schüssel hängen lässt, halb mit Wasser füllen und es aufkochen. Butterfett von der Molke abschöpfen, leicht erwärmen. Ins Spülbecken 10 cm hoch kaltes Wasser füllen.

3. Die Hitze unterm Topf auf klein schalten und die Schüssel hineinhängen. Eigelbe darin mit dem Scheebesen dickschaumig schlagen, dabei auf die Hitze achten, damit nichts gerinnt. Aus der Schöpfkelle warmes Butterfett in kleinen Schlucken nach und nach einrühren, nicht mehr schlagen. Wie bei der Mayonnaise erst mit Fett geizig sein, später kann es langsam einlaufen, bis wir buttrig-duftige Hollandaise haben, die mit Salz und Pfeffer gewürzt wird. Droht sie beim Rühren rau zu werden (= gerinnen) oder setzt sich Butter ab, ins Becken damit und heftig rühren. Hat nichts genützt? 1 Eigelb mit 1 EL Wasser im Wasserbad aufschlagen, Sauce durchs Sieb gießen und langsam (wie bei der Butter) einrühren. Nun die restliche Butter einrühren.

SAUCE HOPPLADAISE

Man kann Sauce Hollandaise mit Tomaten (Wein mit 1 EL Tomatenmark einkochen), mit Orangen (Saft statt Wein plus 1/2 TL abgeriebene Schale) oder auch als Sauce Béarnaise (2 EL Bratensauce zum Wein, am Ende 1 TL gehackten Estragon einrühren) zubereiten. Alles toll. Aber manchmal muss es einfach nur schnell gehen. Dann hilft die fixe Hoppladaise.

Zutaten für 4 Portionen
3 Eier (also auch das Eiweiß) • 2 EL Weinessig • 4 EL Brühe (Geschmack je nach Verwendung der Sauce) • Salz • weißer Pfeffer • 100 g Butter

Zubereitungszeit: 10 Minuten

› Die Eier mit Essig, Brühe, Salz und Pfeffer in einer Schüssel dickschaumig schlagen – und zwar anders als links im Rezept, erst mal ohne Wasserbad. Derweil die Butter sanft erhitzen. Man kann nun warten, bis sich die Molke absetzt, es muss aber nicht sein.

› Auf jeden Fall sollte die Butter handwarm sein, wenn der nächste Schritt folgt: das Einrühren ins Ei. Und zwar alles auf einmal, kurz und gründlich.

› Jetzt kommt das Wasserbad wie links beschrieben, inklusive „Feuerwehrspülbecken". Die Schüssel in den Topf hängen. Anfangs wird ständig geschlagen, und sobald die Sauce warm ist, stets gerührt. Das Ergebnis: dickcremige Hollandaise – nicht ganz so luftig wie das Original, aber viel besser als aus der Tüte. Und geht was schief: siehe links unten.

← *Sauce Hollandaise ganz klassisch oder auf die Schnelle? Entscheiden Sie selbst.*

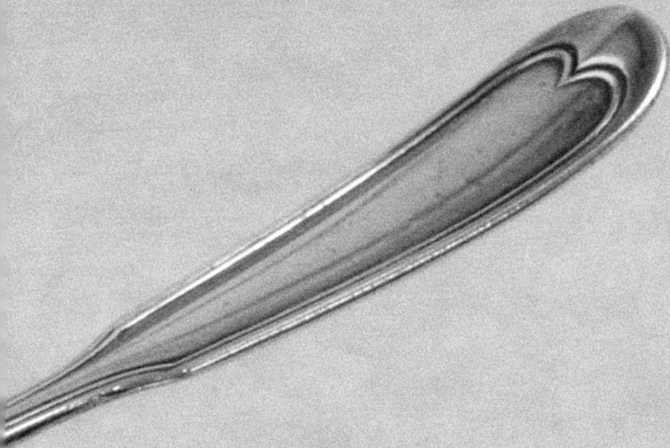

SUPPEN

„Fünf waren geladen, zehn sind gekommen, gieß' Wasser zur Suppe, heiß' alle willkommen!" Mit der auf Geiz und Konzentration programmierten Sauce würde so was nie gehen. Aber ihre großzügige Tante Suppe ist da eben anders: nimmt alles in ihren Topf auf, was zu haben ist, und zaubert daraus Lieblingsessen, mit denen man viele Leute an einem Tisch zusammenbringen kann. Möglicherweise geht es dabei bunt zu – wie die nächste Seite zeigt.

Wie koch' ich …

EINEN EINTOPF?

Und zwar echten Gemüseeintopf? Also einen Topf, in den außer Gemüse und Wasser nicht viel kommt. Das klingt fad? Es wird fein.

Weder Fleisch noch Brühwürfel stören hier die Balance. Damit die klappt, darf kein hochgezüchtetes Leergemüse ohne Substanz rein. Ein Kohl sollte immer im Topf sein, für 4–6 Personen 500 g (Weiß-, Blumen-, Chinakohl oder Wirsing). Zur Erdung 500 g Rüben oder Wurzeln dazu – Möhren, Steckrüben, weiße Rüben, Petersilienwurzeln. Zum Sattmachen: 250 g Kartoffeln, gekochte Nudeln oder Reis, Schwemmklößchen (siehe unten). Als Joker: 250 g Gemüse nach Gusto – Bohnen, Paprika, Zucchini etwa. Das ist die Basis des Eintopfs, Aromen geben die Richtung – nach Süden (Knoblauch, Chili), Osten (Curry, Ingwer) oder Mitte (Kümmel, Majoran, Liebstöckel).

1. Zuerst die Gemüse waschen, putzen und schneiden: Blattkohl in „Plättchen" und Blumenkohl in Röschen. Wurzeln, Rüben und Kartoffeln nach dem Schälen in etwa 1/2-cm-Scheiben – wobei man dickere zuvor halbiert oder viertelt. Die Joker-Gemüse je nach Art zerkleinern. Nudeln oder Reis werden separat gekocht (garen sie im Eintopf, wird dieser mehlig). Und dann noch die Schwemmklößchen: 100 g Mehl mit 3 Eiern verschlagen, mit dem Teelöffel abstechen und in kochendem Salzwasser 1 Minute garen.

2. Nun den größten Topf im Haus nehmen, 1 EL Öl darin sanft erhitzen und die Aromen kurz andünsten. Das Gemüse darin 5 Minuten dünsten, mit 1 1/2–2 l Wasser, 2 Lorbeerblättern und 3 TL Salz auffüllen. Aufkochen, 20–30 Minuten kochen lassen. Das Gemüse darf dabei ruhig etwas weich, und die Brühe trüb werden. Sonst wäre es kein Eintopf.

3. Am Ende Reis, Nudeln oder Klößchen darin heiß machen, abschmecken und servieren. Jetzt der Clou: Bei Tisch 1 Stück Kräuterbutter, 1 EL Pesto (Seite 152), Knoblauchmayonnaise oder Senfsahne in die Teller geben.

↓ *Ein altes Rezept, das ziemlich modern wirkt – da Zimt und Zitrone den Möhrentopf mit Speck würzen.*

MÖHRENTOPF MIT SPECK

Auch hier wird vor allem mit Wasser gekocht, das allerdings durch Speck und Gewürze schon fast zur Brühe wird.

Zutaten für 4 Portionen
1 Bund Petersilie • 1/2 unbehandelte Zitrone • 1 Lorbeerblatt • 1 EL Zucker • 1 Stück Zimtstange (2 cm) • 400 g durchwachsener Räucherspeck • 600 g Möhren • 3 EL Butter • 3 EL Mehl • Salz

Zubereitungszeit: 1 Stunde

› Petersilie waschen, trockenschütteln und die Blätter hacken, Stängel beiseite legen. Die Zitrone heiß waschen und die Schale zur Hälfte dünn abreiben, den Saft auspressen.

› Kräuterstängel, Zitronenschale, Lorbeerblatt, Zucker und Zimt in 1,2 l Wasser aufkochen. Speck darin 20 Minuten garen. Sud durch ein feines Sieb in einen Topf gießen.

› Möhren schälen, würfeln, 5 Minuten in der Butter sanft dünsten. Mit Mehl bestäuben und 1 Minute unter Rühren anschwitzen. Den Sud unter Rühren dazugießen und die Möhren darin in 10 Minuten bissfest kochen.

› Den Speck würfeln, mit gehackter Petersilie und Zitronensaft in die Suppe rühren, salzen und servieren. Dazu schmecken Butterbrote.

Wie koch' ich ...

KRAFTBRÜHE?

Schon der Name gibt Energie! Und die übrige Power liefern Knochen, Fleisch und das gute Suppengrün. Plus Hühnerbein, nicht zu vergessen.

Bei aller Liebe zum Tier, wenn Suppe einen richtig aufrichten soll, braucht sie Fleisch. Zum Beispiel in Form dieser Kraftbrühe vom Rind und etwas Huhn, aus der eine Nudelsuppe werden kann. Für 2 l brauchen wir: 600 g Rinderknochen (Rippe ist gut, keine Markknochen), 200 g Suppengrün (Möhre, Sellerie, Lauch, Petersilie), 1/2 Zwiebel, 800 g Suppenfleisch vom Rind (Brust passt bestens), 1 Hähnchenschenkel, 1 Lorbeerblatt und Salz.

1. Den größten Topf im Haus gut halb voll mit Wasser füllen, schnell aufkochen. Knochen hineingeben, aufkochen, ins Sieb gießen, kalt abspülen. Das reinigt sie und hält später die Brühe klar. Die Knochen mit 3 l kaltem Wasser (laugt schön aus) in den Topf geben, bei mittlerer Hitze langsam aufkochen und bei kleiner Hitze 1 1/2 Stunden köcheln lassen. Dabei entsteht Schaum, der mit der Schaumkelle (daher der Name) abgeschöpft wird.

2. Das Suppengrün ist schon gebunden? Binden wir es wieder auf. Denn Möhre und Sellerie müssen geschält, der Lauch und die Petersilie gewaschen werden. Die Zwiebel ungeschält waschen und den Anschnitt in der Pfanne bei mittlerer Hitze richtig schwarz rösten – das gibt der Brühe Farbe. Dies alles samt Fleisch, Hühnerschenkel und Lorbeerblatt zu den Knochen mit in den Topf geben und in 1 1/2–2 Stunden bei kleiner Hitze weich kochen.

3. Nun alles Feste aus der Brühe fischen. Sie wird durch ein feines, mit einem Geschirrtuch ausgelegtes Sieb in einen Topf geschöpft, leicht gesalzen und aufgekocht. Sind ein paar Fettaugen drauf, ist das gut. Ein fetter Film wird abgeschöpft oder am nächsten Tag – abgekühlt und starr – abgenommen. Das Kühlen muss schnell gehen, da sonst die Brühe schlecht werden kann. Dazu den Deckel weglassen und einen Kochlöffel unter den Topfboden schieben.

BAYRISCHE BROTSUPPE

Zutaten für 4 Portionen
2 Zwiebeln • 4 Scheiben helles Bauernbrot • 2 EL Butter • 1 Bund Schnittlauch • 1 l Kraftbrühe (Seite 171) • Salz

Zubereitungszeit: 20 Minuten

› Die Zwiebeln schälen und in dünne Ringe schneiden. Brotscheiben quer halbieren und in einer trockenen Pfanne auf beiden Seiten anrösten, herausnehmen. Butter in der Pfanne aufschäumen und leicht bräunen lassen. Nun darin Zwiebeln bei mittlerer Hitze knusprig braten. Den Schnittlauch waschen, trockenschütteln und in Röllchen schneiden.

› Die Brühe aufkochen und salzen. Die Brote auf Suppenteller verteilen. Die Brühe darüber schöpfen und die Zwiebeln darin verteilen. Schnittlauch drüberstreuen und servieren.

PHO BO (VIETNAMESISCHE NUDELSUPPE)

Auch wer keinen echten Asia-Laden in der Nähe hat, wird mit dieser kräftigenden Suppe kein Problem haben. Und kann auch wie in Vietnam noch ein paar Sachen mehr zum Vollenden auf den Tisch stellen: Chiliringe, Limettenspalten oder Korianderblätter etwa.

Zutaten für 4–6 Portionen
500 g Rinderknochen • 400 g Suppenfleisch • 200 g Roastbeef • 100 ml Fischsauce (ersatzweise Sojasauce) • 1 Bund Frühlingszwiebeln • 2 Knoblauchzehen • 1 Stück frischer Ingwer (3–4 cm) • 1 kleine Stange Zimt • 1 TL Fenchelsamen • 150 g dünne Reisnudeln (oder Suppennudeln)

Zubereitungszeit: 30 Minuten
(+ 2 Stunden Garen)

› Knochen erst heiß, dann kalt abbrausen, mit 2 l kaltem Wasser aufsetzen und langsam zum Kochen bringen. Suppenfleisch darin 1 Stunde sanft garen, Schaum abnehmen. Das Roastbeef in dünne Streifen schneiden, mit 2 EL Fischsauce verrühren und kühlen.

› Frühlingszwiebeln waschen, putzen, die Knollen beiseite legen, Grün in Ringe schneiden. Knoblauch und Ingwer schälen und in Scheiben schneiden. Zwiebelknollen, Knoblauch, Ingwer, Gewürze und übrige Fischsauce nach 1 Stunde Kochzeit zur Brühe geben und 1 weitere Stunde sanft kochen lassen.

› Brühe durchs Sieb gießen, Suppenfleisch von Knochen und Fett befreien und würfeln. Die Nudeln nach Packungsaufschrift garen und mit dem Suppenfleisch in der Suppe erwärmen. Roastbeef und Zwiebelgrün in Schalen auf den Tisch stellen, sodass jeder seine Suppe damit bereichern kann.

魷魚標
Fischsauce

Wie koch' ich ...

HÜHNERSUPPE?

Am besten mit einem Suppenhuhn. Denn das darf länger wachsen als das Brathähnchen und hat mehr Aroma in Fleisch und Knochen.

Sein Gewicht kann zwischen 1 1/2 und 2 kg liegen, womit man die volle Hühnersuppenwirkung bekommt: Belebung und Beruhigung zugleich. Haben wir unser Suppenhuhn gefunden (am besten in der Tiefkühltheke oder beim Geflügelhändler suchen; ansonsten siehe unten), brauchen wir für 2 l außerdem: 1/2 Zwiebel, 4 Zweige Thymian, 1 Knoblauchzehe, 1 Möhre, 1/2 Stange Lauch, 1/4 unbehandelte Zitrone, 1 Lorbeerblatt, Salz.

1. Das Huhn vorbereiten: Fett in der Bauchhöhle sowie den „Bürzel“ entfernen. Einen 5-l-Topf zu drei Vierteln mit Wasser gefüllt aufkochen, Huhn 1 Minute hineinlegen, rausholen und kalt abbrausen. Nun das Huhn im Topf mit 2 1/2 l frischem kaltem Wasser bedecken und bei kleiner Hitze aufkochen, den Schaum abnehmen.

2. Die Zwiebel samt Schale und den Thymian waschen, Knoblauch und Möhren schälen und halbieren, Lauch waschen und putzen. Zitrone heiß waschen, dünn schälen, den Saft auspressen. Alles bis auf den Zitronensaft samt dem Lorbeerblatt zum Huhn geben, bei kleiner Hitze 1 Stunde sieden lassen. Topf vom Herd ziehen, einen Holzlöffel unter den Topf schieben und das Huhn in der Brühe abkühlen lassen.

3. Das Huhn von Haut und Knochen befreien, das Fleisch würfeln. Brühe durchs Sieb gießen, falls nötig entfetten, und salzen. Brühe mit Zitronensaft abrunden, aufkochen und das Fleisch darin ohne Kochen erhitzen. Fertig.

Das Fleisch vom Suppenhuhn ist gröber (aber geschmackvoller) als das vom Hähnchen. Wer das nicht mag, gibt ein großes Hähnchen ins kochende Wasser und gart es 45 Minuten wie oben. Oder gleich wie rechts im Rezept.

ITALIENISCHER HÜHNERTOPF

Hier geht es ums Fleisch und nicht nur um die Brühe – so kommt das Huhn in die kochende Flüssigkeit.

Zutaten für 4–6 Portionen

1 großes Hähnchen (1 1/2–2 kg; oder 1 Suppenhuhn) • 1/2 l Weißwein • 1 Zwiebel • 2 Knoblauchzehen • 1 Möhre • 1 Stange Staudensellerie • 1 Tomate • 1 Zweig Rosmarin • 4 Stängel Oregano • 2 Lorbeerblätter • 1/4 unbehandelte Zitrone • 1 rote Chilischote • Salz • 200 g gekochter Reis • 4 TL Pesto (Seite 152)

Zubereitungszeit: 30 Minuten
(+ 45–60 Minuten Garen + Abkühlen)

› Der Start ist wie bei der Brühe links: Huhn säubern, abkochen und waschen. Dann 2 l Wasser plus Wein zum Kochen bringen und das Huhn hineingeben.

› Das Gemüse waschen und putzen oder schälen und jeweils halbieren. Die Kräuter abbrausen, Zitrone heiß waschen und die Schale dünn abschälen. Chili waschen, putzen, längs halbieren und entkernen. Alles nach dem erneuten Aufkochen zum Huhn geben und dies 45 (Hähnchen) bis 60 (Suppenhuhn) Minuten garen. In der Brühe auskühlen lassen.

› Huhn von Haut und Knochen befreien, das Fleisch würfeln. Brühe durchs Sieb gießen, salzen, Zitronensaft reinpressen und aufkochen. Fleisch und Reis darin erhitzen. Im Teller je 1 TL Pesto dazugeben.

← *Große Vögel brauchen große Töpfe: italienischer Hühnertopf.*

Wie koch' ich …

EINEN FISCHFOND?

Mit Kurzweil und Sanftmut, da ihm zu langes und zu heftiges Kochen nicht gut tut. Es ist also ganz einfach. Und eine echte Bereicherung.

Ein guter Fischfond macht aus Suppen, Saucen und Ragouts mit Fisch Delikatessen. Kaufen Sie also mal beim Händler ganze Fische, die er ihnen zerlegt und in die Tüte packt – Abschnitte inklusive, denn daraus wird der Fond gemacht. Reste von fetten Fischen wie Lachs oder Makrele sind nichts dafür, weil sie tranig kochen. Für 1 l brauchen wir 1 kg Abschnitte, dazu 1 Bund Suppengrün minus der Möhre (stattdessen 1/2 Fenchel nehmen). Plus 3 EL Öl, 1/2 l spritzigen Weißwein, 1 TL Salz und 2 Lorbeerblätter. Je nach Kochstil können 1 Knoblauchzehe, 1 Stückchen Ingwer oder Zitronenschale und Kräuter wie Thymian, Dill oder Estragon (je 3–4 Stängel) dazukommen.

1. Die Fischabschnitte vorbereiten: Sind die Köpfe dabei (was gut ist), müssen Augen und Kiemen raus, weil sie den Fond verderben können. Am besten, der Händler macht das gleich mit. Nun alles im Sieb kalt abbrausen und 15 Minuten im kalten Wasser liegen lassen. Abgießen, gut abtropfen lassen und die Gräten in 5 cm große Stücke schneiden. Gemüse waschen und putzen oder schälen und in Stücke schneiden.

2. Im Topf das Öl erhitzen. Die Abschnitte darin 3 Minuten bei Mittelhitze unter Rühren braten, ohne zu bräunen. Gemüse 2 Minuten mitbraten, mit Wein und 1 1/2 l Wasser auffüllen. Salz, Lorbeerblätter und Aromen nach Wahl zugeben und schnell zum Kochen bringen. Schaum abschöpfen.

3. Sobald der Fond kocht, lassen wir ihn bei kleiner Hitze 30 Minuten leise weiter sieden – so bleibt er klar und lässt später Suppe und Sauce schön leuchten. Ein Sieb (mit Küchentuch) drin in einen Topf hängen, Abschnitte aus dem Fond fischen und diesen behutsam ins Sieb schöpfen. Aufkochen, dann offen mit einem Kochlöffel unterm Topfboden abkühlen lassen.

SUMMER CHOWDER

Zutaten für 4 Portionen
600 g Seefischfilet (Kabeljau, Seelachs) • Saft von 1 Zitrone • 1 Zwiebel • 150 g Räucherspeck • 2 kleine Zucchini • 150 g Kirschtomaten • 400 g vorwiegend fest kochende Kartoffeln • 5 Zweige Thymian • 1 EL Öl • 1/2 l Fischfond • Salz • Pfeffer • frisch gemahlene Muskatnuss

Zubereitungszeit: 50 Minuten

› Filet in 12 Stücke zerteilen, mit Zitronensaft beträufeln, 40 Minuten kühl stellen. Derweil Zwiebel schälen und wie den Speck in Streifen schneiden. Zucchini waschen, putzen, in Scheiben teilen. Tomaten waschen und vierteln. Die Kartoffeln schälen und in Scheiben schneiden, den Thymian waschen.

› Öl im Topf erhitzen, Speck ausbraten und herausnehmen. Zwiebeln im Fett glasig braten. Kartoffeln mit Fond und Thymian zugeben. Mit Salz, Pfeffer, Muskat würzen und 10 Minuten köcheln lassen. Zucchini und Tomaten für weitere 5 Minuten mitköcheln. Chowder vom Herd ziehen. Den Fisch samt Marinade und Speck zugeben und 5 Minuten zugedeckt ziehen lassen. Fertig.

MISO-SUPPE

Die Bestandteile dieser japanischen Suppe sind so merkwürdig wie die der Sushi. Doch beides kann die Augen zum Leuchten bringen. Bei mir tut die Suppe das immer wieder, Sommer wie Winter, an frohen und trüben Tagen. Dazu ist sie schnell gemacht.

Zutaten für 4 Portionen
200 g Seidentofu (weich wie Götterspeise, zur Not fester Tofu) • 1 Frühlingszwiebel • 1 EL getrocknete Wakame-Algen (muss nicht sein) • 1 l Dashi (Algen-Fisch-Fond aus Instant-Pulver, siehe unten) • 70 g hellbraune Miso-Paste (aus vergorenen Sojabohnen und Getreide)

Zubereitungszeit: 15 Minuten

› Tofu in 1 cm große Würfel teilen. Zwiebel waschen, putzen, in feine Ringe schneiden. Algen kurz in Wasser einweichen, im Sieb abspülen. Alles auf Suppenschalen verteilen.

› Nach Packungsaufschrift 1 l Dashi kochen, vom Herd ziehen. Miso-Paste ins kleine Sieb geben, in den Fond halten und durchs Sieb einrühren. Suppe in die Schalen füllen und langsam austrinken. Schlürfen erwünscht!

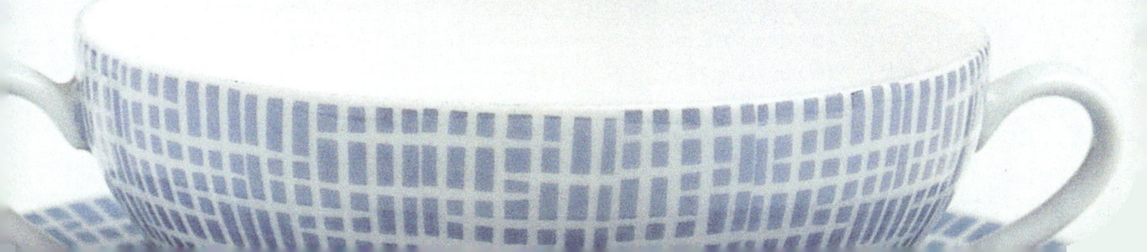

Wie koch' ich ...

EINE FRISCHE TOMATENSUPPE?

Also nicht mit Tomaten, die aus der Dose kommen, sondern frisch vom Strauch. Die haben wenig Aroma? Das kommt über Nacht.

Natürlich sollten die Tomaten so reif wie möglich sein – mit intensivem Aroma. Da dies meistens noch gesteigert werden muss, kommen sie über Nacht in eine Marinade, in der sie auch gekocht werden. Wir brauchen für 4 Mittagssuppen 1 1/2 kg Tomaten, 1 Knoblauchzehe, 3 Lorbeerblätter, 6 Wacholderbeeren, 8 Stängel Estragon (zur Not Petersilie), 1 guten TL Salz und 1/2 TL Zucker. Dazu kommen fürs Kochen 1 Zwiebel, 150 g Räucherspeck, 1 EL Butter, 2 TL Tomatenmark, 50 g Sahne und schwarzer Pfeffer.

1. Die Tomaten waschen, vom Stängelansatz befreien und grob würfeln. Den Knoblauch schälen, längs halbieren und mit der Messerspitze von den Keimlingen befreien, in dünne Scheiben schneiden. Lorbeerblätter teilen, Wacholderbeeren etwas zerdrücken. Estragon waschen, trockenschütteln. Alle vorbereiteten Zutaten mit Salz und Zucker mischen, dabei 4 Kräuterstängel zurücklassen. Zugedeckt 12 Stunden bei Raumtemperatur ziehen lassen.

2. Die Zwiebel schälen und würfeln. Speck in Streifen schneiden. Beides bei mittlerer Hitze im Topf in der Butter 5 Minuten zugedeckt dünsten lassen. Tomatenmark 1 Minute mitdünsten, die Tomatenmischung dazugeben und 15 Minuten bei kleiner Hitze offen kochen lassen. In ein feines Sieb (mit einem Topf darunter) gießen und mit der Schöpfkelle durchstreichen.

3. Die Suppe nochmals aufkochen und mit der Sahne verrühren. Die restlichen Estragonblätter von den Stängeln abzupfen, hacken und darüber streuen. Den Pfeffer grob darüber mahlen.

← *Wird langsam lecker: frische Tomatensuppe.*

↓ *Schick und schnell: Tomato shot.*

TOMATO SHOT

Das ist wohl die schnellste Tomatensuppe der Welt – und auch wenn sie aus der Flasche kommt, schmeckt sie unverschämt erfrischend. Kein schlechter Start für gutes Essen.

Zutaten für 4 Portionen

4 Frühlingszwiebeln • 4 EL Butter • 3 EL Currypulver (so scharf, wie man mag) • 3/4 l Tomatensaft • 150 ml Orangensaft • Salz • Zucker • schwarzer Pfeffer

Zubereitungszeit: 15 Minuten

› Die Frühlingszwiebeln waschen, putzen und vom dunklen schlappen Grün befreien. Den Rest in dünne Ringe schneiden. Butter im Topf einmal aufschäumen lassen, Curry hineinrühren und kurz mitdünsten.

› Curry mit den Säften ablöschen, aufkochen und die Suppe leicht mit Salz und Zucker würzen. Die Suppe schaumig aufmixen – hier hilft ein Stabmixer, aber mit dem Schneebesen geht es auch – und in Gläser oder Tassen füllen. Zwiebeln hinein, Pfeffer darüber und presto servieren. Mit einem Löffel dazu, weil keiner was übrig lassen will.

Wie koch' ich ...

EINE GUTE KARTOFFELSUPPE?

Was ist keine gute Kartoffelsuppe? Eine, die kaum nach Kartoffeln und nur nach Sahne schmeckt. Hier steht, wie's viel besser geht.

Mehlig kochend sollten die Kartoffeln sein, denn damit wird die Suppe schön sämig. Für 4 Esser braucht es 800 g der Knollen. Dazu 1 Stange Lauch, 2 Möhren, 200 g Knollensellerie und 1 TL getrockneten Majoran plus Salz, Pfeffer und 1 1/2 l Rinderbrühe. Dann zum Vollenden 1 Bund krause Petersilie, 150 Räucherspeck, 2 Scheiben Roggenbrot und – ja doch – 200 g Sahne.

1. Vor den Kartoffeln ist das Gemüse dran, damit die Knollen nicht braun werden. Lauch von dunklen Außenblättern befreien, längs fast bis zu den Wurzeln halbieren und unter fließendem Wasser waschen. Die Stange ganz halbieren und quer in 1 cm breite Streifen schneiden. Das übrige Gemüse und schließlich die Kartoffeln waschen, schälen und grob würfeln.

2. Kartoffeln, Gemüse und Majoran in einen großen Topf geben, mit Salz und Pfeffer würzen und die Brühe darüber gießen. Die Suppe aufkochen und etwa 20 Minuten köcheln lassen, bis das Gemüse bissfest ist. Inzwischen die Petersilie waschen und trockenschütteln, die Blätter grob zupfen. Den Speck in dünne Streifen schneiden, das Brot würfeln.

3. Suppe in ein Sieb schütten, unter dem eine Schüssel steht. Den Inhalt des Siebs wieder in den Topf geben und grob stampfen. Die Suppe dazugießen, 5 Minuten kochen. Speck in der Pfanne ausbraten, herausfischen. Brot im Speckfett anrösten. Speck, Brot und Petersilie in einer Schüssel vermischen und auf den Tisch stellen. Sahne zur Suppe geben, abschmecken, in Teller füllen. Darauf löffelt sich jeder Speck-Brot-Mischung – besser geht's kaum.

GRÜNE KARTOFFELCREMESUPPE

Zutaten für 4–6 Portionen
4 geräucherte Forellenfilets (samt Haut) • 4 Zweige Thymian (ersatzweise 1 TL getrockneter) • 2 Frühlingszwiebeln • 3 EL Öl • 1/4 l Weißwein • 500 g mehlig kochende Kartoffeln • 150 g TK-Erbsen • Salz • weißer Pfeffer • 100 g Sahne • 2 Eigelbe

Zubereitungszeit: 25 Minuten
(+ 35 Minuten Ziehen und Garen)

› Die Filets häuten, Thymian waschen. Die Frühlingszwiebeln waschen und putzen. Das dunkle Grün in grobe Stücke schneiden, den Rest in Ringe.

› 1 EL Öl im Topf erhitzen, die Zwiebelringe darin 2 Minuten dünsten. Wein, 3/4 l Wasser, Forellenhaut, Zwiebelgrün und Thymian zugeben und langsam aufkochen. Vom Herd ziehen, den Sud 20 Minuten ziehen lassen, dann durch ein feines Sieb gießen.

› Kartoffeln waschen, schälen, in Scheiben hobeln. Samt Erbsen in einen Topf geben, Sud aufgießen, salzen, pfeffern. Kartoffeln in etwa 15 Minuten weich kochen.

› Forellenfilets in Stücke teilen und in Teller geben. Sahne mit Eigelben verrühren. Suppe durch ein feines Sieb in einen Topf gießen, Kartoffeln durchstreichen. Aufkochen, Topf neben den Herd ziehen, die Eigelb-Sahne-Mischung (Franzosen nennen sie liebevoll „liaison", Köche nüchtern Legierung) einrühren. Das gibt Samt, Glanz und letzte Bindung – wenn jetzt nichts mehr kocht! Also sofort in die Teller damit.

‹‹ *Ein Lieblingsrezept für Erdverbundene: Kartoffelsuppe, die gute.*

SALATE

Einmal habe ich für einen Freund einen grünen Salat gemacht. Den fand er gut. „Was ist denn da drinnen?“, wollte er wissen. Na, sah man das nicht? „Ja, Salat, klar. Aber welcher Essig? Und das Öl?“ Och, nichts, was er nicht auch hatte. „Ja aber …“ Und so haben wir dann zuammen einen Salat gemacht. „Ach so, na dann!“ Und dabei hatte ich ihm den Trick mit den Sardellen im Dressing gar nicht verraten!

Wie mach' ich …

GRÜNEN SALAT?

Viele Blattsalate taugen für ein Solo – Endivie, Eisberg, Chinakohl, auch ein guter Kopfsalat. Andere sollten gemischt werden – Herbes wie Radicchio, Rucola, Frisée oder Zartes wie Eichblattsalat. Für 4 Esser reicht 1 Kopf oder zweimal 2 Hand voll Blätter. Für die Balance der Sauce gilt etwa: 1 Teil Saures, 2 Teile Mildes. Das heißt: 2–3 EL Essig, 4–6 EL Öl, das zur Hälfte durch Brühe oder Saft ersetzt werden kann. Und sonst? Zwiebeln, frische Kräuter, Salz, Pfeffer und das gewisse Extra. Fertig.

1. Vor dem Waschen wird geputzt: Grobe äußere Blätter kommen weg, dann den Strunk mit einem schrägen Rundumschnitt herausschneiden. So fallen die großen Blätter von selbst ab, der Rest wird gezupft. Den Salat im kalten Wasser gründlich waschen. Dann entweder die Salatschleuder nicht zu voll packen und „anwerfen". Oder nach und nach jeweils 2 Hand voll Salat über dem Becken abschütteln, im Sieb abtropfen lassen. Manche Köche sind jetzt fertig, was bei den Gästen für Maulsperre sorgt. Wir machen daher weiter und zupfen die Blätter in mundgerechte Stücke.

2. Nun zu der Sauce: Da Öl die Aroma-Entwicklung bremst, wird erst der Essig mit den übrigen Zutaten verrührt – Salz, Pfeffer (frisch gemahlen), fein gewürfelte Zwiebeln, Schalotten oder Frühlingszwiebeln und für den Kick entweder 1 TL Senf (zu Endivie), Sojasauce (Chinakohl) oder Honig (Chicorée). Plus fein gehackte Kräuter. Nun das Öl mit dem Schneebesen nach und nach einrühren.

3. Das Ergebnis ist ein Konzentrat, das dem Salat genug Aroma gibt, ohne ihn dabei zu ertränken oder zu überlasten. Es wird behutsam mit dem Salatbesteck oder den Händen untergemischt, bis es sich gut verteilt, der Salat aber noch nicht schlapp gemacht hat (was relativ schnell geht). Gleich servieren.

Ein paar Hand voll frische Blätter, dazu eine Sauce aus gutem Essig und Öl und für den Kick noch reichlich Kräuter – das ist eigentlich keine Hexerei. Warum bekommt man in vielen Lokalen trotzdem eine Zumutung, wenn man grünen Salat bestellt? Weil er meistens nebenbei gemacht wird. Hier machen wir ihn als erstes und als Grundübung für alle Salate, die nur mit Essig und Öl auf den Tisch kommen. Das muss jetzt kein Gold in Flaschen sein – viel wichtiger ist es, bei der Wahl des passenden Grüns und seiner Kombination mit anderen Salaten ein goldenes Händchen zu haben.

BUNTBLATTSALAT

Nun bringen wir Farbe in den grünen Salat und entdecken dabei, dass das Blatt nicht immer von einem Kopf kommen muss. Und dass statt Essig und Öl auch Zitrone und Sahne fürs Dressing taugen.

Zutaten für 4 Portionen
1 kleiner Kopf Radicchio • 1 Bund Rucola • 2 Hand voll Feldsalat • 1 Frühlingszwiebel • 4 große Champignons • 1/2 Zitrone • Salz • Pfeffer • 1 kleiner Schluck Apfelsaft (2–3 EL) • 1 großer Schluck Sahne (4–5 EL) • 10 grob gehackte, halbierte oder geviertelte Walnusskerne

Zubereitungszeit: 30 Minuten

› Vom Radicchio die groben Außenblätter entfernen und den Strunk herausschneiden. Die Blätter ablösen und behutsam zerzupfen, dabei die dicken weißen und oft sehr bitteren Blattrippen wegwerfen. Die Blätter 1 Minute in warmes Wasser legen, dann werden sie milder. Nicht so bittere Sorten werden wie grüner Salat vor dem Zerpflücken gewaschen.

› Rucola als Bund unter dem kalten Wasserstrahl waschen und gut trockenschütteln. Die unteren Stiele abschneiden, große Blätter in Stücke zupfen. Den Feldsalat nach welken Blättern absuchen und diese abzupfen, ebenso die langen Wurzelfäden. Die Wurzelstiele aber dran lassen – sie schmecken herrlich würzig und halten die Blätter zusammen. Den Salat mehrmals gründlich im kalten Wasser waschen, bis der Sand weggespült ist. Gut trockenschleudern oder -schütteln.

› Frühlingszwiebel putzen, waschen und in feine Ringe schneiden. Stiele aus den Pilzen drehen und wegwerfen, die Köpfe mit Küchenpapier abwischen und hacken. Die Zitrone auspressen und den Saft mit Frühlingszwiebeln, Pilzen, Salz, Pfeffer und Apfelsaft verrühren, nun die Sahne einrühren. 5 Minuten ziehen lassen. Nüsse in trockener Pfanne bei mittlerer Hitze anrösten. Den Salat mit der Sauce behutsam mischen, die Nüsse darüber streuen. Gleich servieren.

KNACK & KNUSPER

Ein Salat mit knackiger Rohkost, knusprigen Brotwürfeln und fast ohne jedes Blatt.

Zutaten für 4 Portionen
2 Knollen Fenchel • 2 Kohlrabi • 400 g möglichst junge Möhren • 1/2 Orange • 1 TL Meerrettich (aus dem Glas) • 150 g Joghurt • 2 EL Mayonnaise • 1 EL scharfer Senf • 1 TL Honig • Salz • Pfeffer • 2 Scheiben Toast • 4 EL Butter

Zubereitungszeit: 30 Minuten

← *Buntblattsalat mit sahnig-süßem Dressing.*

↓ *Knack & Knusper – so fein kann Rohkost sein.*

› Vom Fenchel mögliche dunkle Stellen und die dünnen Stängel abschneiden. Das Grün waschen, trockenschütteln und hacken. Die Knollen vierteln, den Strunk schräg herausschneiden. Nun die Viertel quer in dünne Streifen schneiden.

› Kohlrabi schälen, dabei die jungen Blätter waschen und hacken. Die Knollen in dünne Scheiben und dann in Stifte schneiden. Die Möhren schälen und grob raspeln. Den Saft der Orange auspressen und samt dem Meerrettich mit dem Gemüse vermischen. Das etwa 20 Minuten in der Küche stehen lassen.

› Inzwischen für das Dressing den Joghurt, mit Mayonnaise, Senf, Honig sowie Fenchel- und Kohlrabigrün verrühren. Die Sauce mit Salz und Pfeffer würzen.

› Die Toasts entrinden und würfeln. In einer Pfanne die Butter bei mittlerer Hitze aufschäumen lassen und die Toastwürfel darin kross braten.

› Das marinierte Gemüse in Schalen oder auf Teller verteilen. Die Joghurtsauce darüber löffeln und die Brotwürfel darauf streuen. Und los geht's mit der knackigen Knusperei.

Wie mach' ich …

EINEN KRAUTSALAT?

Blattsalat schneiden, salzen, kneten, ziehen lassen? Niemals! Außer, die Blätter kommen von einem Krautkopf. Dann soll das so sein.

Denn die brauchen Behandlung, damit sie ihre Qualitäten zeigen und nicht auf den Magen schlagen. Ein Durchschnittskopf Kraut (wer sagt schon Kohlsalat?) von 1 1/2 kg reicht für 6–8 Leute. Dazu brauchen wir dann noch 1 TL Salz, 100 g durchwachsenen Räucherspeck, 1 Zwiebel, 1 EL Öl, 4 EL Essig (nichts Besonderes, Branntwein-, Wein- oder Obstessig ist o.k.), 1 EL scharfen Senf, Pfeffer und noch 4 EL Fettes – das kann Öl oder Mayonnaise sein.

1. Der helle Krautkopf, um den es uns geht, ist eigentlich unter eher derben und dunklen Außenblättern versteckt. Oft sind diese Blätter aber schon entfernt, ansonsten tun wir das jetzt. Dann nehmen wir das größte Messer im Haus, um den Kopf durch den Strunk zu halbieren und die Hälften erneut so zu teilen. Der Strunk wird samt grober Blattrippen schräg herausgeschnitten. Geübte schneiden die Viertel mit dem Messer fein in Streifen, der Rest nimmt die Küchenmaschine oder den Hobel (dann den Strunk als „Griff" dran lassen).

2. Nun die Krautstreifen im großen Sieb mit Salz mischen und 30 Minuten stehen lassen. Derweil den Speck in Streifen schneiden und die geschälte Zwiebel ebenso. Dies mit 1 EL Öl unterm Deckel 5 Minuten bei Mittelhitze dünsten lassen, vom Herd ziehen und mit Essig, Senf und Pfeffer verrühren.

3. Jetzt das Kraut im Sieb 2 Minuten mit den Fingern kneten und drücken. So wird es geschmeidig, bekömmlich und wird entwässert, um später nicht in Sauce zu schwimmen. Dann in einer Schüssel mit der heißen Speckmischung und dem übrigen Öl oder der Mayonnaise vermengen. Der Salat schmeckt gleich, nach 30 Minuten oder nach 1 Tag im Kühlschrank, wenn wir ihn vorm Servieren 30 Minuten in die Küche stellen. Gut zu Braten und Gegrilltem.

ASIA-KOHLSALAT

Auch in Asien mag man gerne Kraut und Salat. Speziell im Südosten ist das eine große Sache – was heißt, dass der Salat dort ein ganzes Gericht sein kann.

Zutaten für 4–6 Portionen
1 große Zwiebel • Salz • 1 Chinakohl (800 g) • 12 Radieschen mit Grün • 1 grüne Chilischote • 6 Knoblauchzehen • 2 EL Öl • 2 Limetten • 2 TL brauner Zucker • 50 g ungesalzene Erdnusskerne

Zubereitungszeit: 25 Minuten

› Zwiebel schälen, halbieren und in dünne Streifen schneiden. Mit 1 TL Salz vermischt 15 Minuten im Sieb abtropfen lassen. Kohl putzen, vierteln und vom Strunk befreien. Dann die Viertel grob in Streifen schneiden, waschen und trockenschleudern. Radieschen putzen und samt Grün waschen. Die Knollen in dünne Scheiben schneiden, das Grün in feine Streifen.

› Chili waschen, putzen, halbieren, entkernen und fein schneiden. Knoblauch schälen, 4 Zehen in dünne Scheiben schneiden. Öl bei kleinster Hitze im Topf erwärmen, Knoblauchscheiben darin goldgelb garen. Übrige Zehen hacken, mit Salz bestreuen und mit der Messerklinge zur Paste zerreiben. Limetten auspressen.

› Zwiebeln, Kohl und Radieschen samt Grün mit Chili, Knoblauchscheiben und -paste sowie dem Limettensaft vermengen. Zum Schluss den Zucker untermengen (damit es beim Essen süß knackt) und den Salat gleich mit Erdnüssen bestreut servieren.

← *Krautsalat auf die Schnelle mit süßscharfem Dressing: Asia-Kohlsalat.*

Wie mach' ich ...

SAHNIGEN GURKENSALAT?

Bei fast allen Salatklassikern gibt es eine Streitfrage: Lieber klar (also mit Essig und Öl) oder cremig (durch Sahne, Joghurt oder Mayo)? Bei Mutters Gurkensalat ist es ganz klar: cremig. Dank saurer Sahne.

Klar ist auch, dass dieser Salat stehen muss, um gut zu werden. Damit er da nicht ins Schwimmen kommt, wird vorher eingesalzen, was die Gurke ebenso bekömmlicher macht. Für 4 Personen als Beilage brauchen wir gut 300 g, was 1 Salat- oder 2–3 kleineren Sommergurken entspricht. Dazu 1/2 TL Salz, 1 Zwiebel, 5 Stängel Dill, 100 g saure Sahne, 4 EL Obstessig, 1 TL scharfen Senf und viel schwarzen Pfeffer – besser noch Zitronenpfeffer.

1. Haben die Gurken eine schöne zarte Haut, müssen sie nur gewaschen werden. Ansonsten wird nach dem Kappen der beiden Enden geschält. Man kann auch nur jede zweite Bahn abziehen – sieht nett aus und gibt mehr Biss und Aroma. Man könnte die Gurke jetzt auch noch längs halbieren und entkernen, aber das mag ich nicht, weil sie mir dann zu fad wird.

2. Also werden die ganzen Gurken in dünne Scheiben gehobelt, Profis bekommen das auch mit dem Messer fein genug hin. Gurken mit Salz im Sieb mischen und 15 Minuten abtropfen lassen. Derweil die Zwiebel schälen und fein würfeln. Den Dill waschen, trockenschütteln und die Spitzen hacken.

3. Nun die saure Sahne verrühren mit Essig, Senf, Pfeffer, Zwiebeln und Dill und mit den abgetropften Gurken mischen. 30 Minuten ziehen lassen, abschmecken und zu gebratenem Fisch oder Fleisch servieren.

THAI-GURKENSALAT

Er ist vielleicht nicht völlig authentisch, da neben Limettensaft und Fischsauce noch Chilisauce dran kommt, die man in Thailand eher zum Dippen nimmt. Aber sonst passt alles, auch die Größe – er ist eine kleine Mahlzeit für sich. Ganz frisch essen!

Zutaten für 4 Portionen
2 rote Zwiebeln • 1 Stück frischer Ingwer (3–4 cm) • 2 Limetten • 6 EL Fischsauce • 4 EL süße Chilisauce • 5 Stängel Minze • 5 Stängel Koriander • 2 Salatgurken

Zubereitungszeit: 15 Minuten

› Die Zwiebeln halbieren, schälen und in Streifen schneiden. Den Ingwer schälen und fein reiben. Die Limetten auspressen und den Saft mit Ingwer, Fisch- und Chilisauce zur Marinade verrühren.

› Die Kräuter waschen, trockenschütteln und die Blätter abzupfen, aber nicht hacken. Die Gurke gut waschen, längs halbieren und in dünne Scheiben schneiden oder hobeln.

› Die Gurken samt Zwiebeln und Kräutern mit der Marinade vermischen. Gleich auf großen Tellern oder kleinen Platten im Asia-Stil anrichten und servieren.

SOMMERGURKENSALAT

Bekommen wir kleine saftige Sommergurken dafür, ist es gut. Salatgurke geht aber auch, da der Rest genug auf Sommer macht.

Zutaten für 4–6 Portionen
2 Sommergurken oder 1 Salatgurke (300 g) • 1 gelbfleischige Melone (500 g, Ogen- oder Netzmelone) • 1 Hand voll Kirschtomaten • 1 Frühlingszwiebel • 1 kleines Bund Basilikum • 1 Kugel Mozzarella (125 g) • 1 Zitrone • 6 EL Olivenöl • 1 TL grüne Pfefferkörner • Salz

Zubereitungszeit: 30 Minuten

› Die Gurken schälen, längs halbieren und die Kerne mit dem Löffel herausstreichen, Hälften in dünne Scheiben schneiden. Die Melone halbieren, mit dem Löffel entkernen. In 8 Spalten schneiden, von der Schale befreien und in 1 cm dicke Stücke teilen.

› Tomaten waschen und halbieren, die Frühlingszwiebeln waschen, putzen und in Ringe teilen. Basilikumblätter grob zerpflücken, Mozzarella vierteln, in Scheiben schneiden.

› Zitrone auspressen und den Saft mit Öl, Pfeffer, Salz verrühren. Mit vorbereiteten Zutaten mischen, 10 Minuten ziehen lassen.

Wie mach' ich …

EINEN NUDELSALAT?

Und zwar so einen richtigen Partykracher, für den alleine man schon immer wieder gerne eingeladen wird? Wenn's weiter nichts ist …

Das Wichtigste ist, dass so ein Nudelsalat von Anfang bis Ende ganz viel Würze bekommt, weil er von der nämlich so viel schluckt wie ein Dauerläufer vom Energy-Drink. Sind die Zutaten schon von Haus aus würzig, hilft das natürlich. Ein Klassiker ist die Kombination Nudel-Schinken-Erbse-Mayo, ein Basic-Klassiker ist Sabines Nudel-Schinken-Käse-Gurke-Radieschen-Joghurt-Mayo-Salat. Die Grundsätze in Sachen Zubereitung sind stets die gleichen – hier erklärt am Beispiel des Wie-koch'-ich-Klassikers. Für den brauchen wir 500 g Eiernudeln (schmecken schön voll) – kompakte wie Hörnchen oder Spirellis (gut für die Sauce und gut zu essen), 4 l Instant-Kraftbrühe, Salz, 1 Bund Frühlingszwiebeln, 6 würzige Würstchen (etwa Debreziner), 1 kleines Glas Mixed Pickles, 3 EL saure Sahne, 3 EL Essig, 3 EL Öl, weißen Pfeffer und 3 hart gekochte Eier. Reicht für 8 Leute am Büfett.

1. Zuerst werden die Nudeln gekocht (wie auf Seite 42 erklärt), und zwar in der kräftig gesalzenenen Brühe. Derweil die Frühlingszwiebeln waschen und putzen, das schlaffe Grün entfernen, die Zwiebeln in Ringe schneiden und in der letzten Minute zu den Nudeln werfen. Die werden abgegossen und kurz mit kaltem Wasser abgebraust, bis sie sich gerade so anfassen lassen.

2. Die Würstchen in Scheiben schneiden, Mixed Pickles abtropfen lassen und in mundgerechte Stücke teilen. Sahne mit Essig und Öl verrühren, salzen und pfeffern, dies samt Würstchen und Mixed Pickles unter die Nudeln mischen. Abschmecken und zugedeckt 2 Stunden ziehen lassen.

3. Die Eier schälen und sechsteln. Den Salat probieren. Fehlt noch was, mit Salz, Pfeffer und Essig nachwürzen. Dann in eine Schüssel geben, Eier drauf, Folie drüber, Jacke an – und los.

NUDEL-SPARGEL-SALAT MIT EIERKUCHEN

Kleiner Trick mit großer Wirkung: Erst wird Spargel im Wasser gekocht, dann kommen die Nudeln hinein und nehmen sein Aroma in sich auf. Der Rest passiert fast von selbst. Dazu als Clou: Eierkuchen im Salat.

Zutaten für 4–6 Portionen
500 g grüner Spargel • 250 Makkaroni oder andere Röhrennudeln (am besten mit Ei im Teig) • 1 Bund Dill • Salz • Zucker • 4 EL Sherryessig • 4 EL Olivenöl • 3 Eier • 1 EL Butter

Zubereitungszeit: 40 Minuten
(+ 1 Stunde Marinieren)

› Spargel waschen und die Enden kappen. Stangen in 3–4 cm lange Stücke schneiden, die Spitzen beiseite legen. Nudeln in passende Stücke brechen. Den Dill waschen und trockenschütteln, die Spitzen fein schneiden.

› In einem großen Topf 2 l Wasser mit je 2 TL Salz und Zucker aufkochen. Die Spargelstücke darin zugedeckt 6–7 Minuten garen, die Spargelspitzen nach der Hälfte der Zeit dazugeben. Den Spargel aus dem Wasser heben und in eine große Schüssel geben.

› Im Spargelsud die Nudeln in 8–10 Minuten bissfest kochen, abgießen (5 EL Sud zurückbehalten), mit dem Spargel vermengen. Essig mit Salz, Zucker, 5 EL Sud und Öl verrühren, den Dill untermengen. Nudeln und Spargel damit mischen, 1 Stunde durchziehen lassen.

› Die Eier glatt rühren, aber nicht schaumig schlagen, und leicht salzen. Butter in einer großen beschichteten Pfanne zerlassen. Eier hineingießen und zugedeckt bei kleinster Hitze 5 Minuten stocken lassen. Abkühlen lassen. In kleine Stücke teilen und vor dem Servieren behutsam unter den Salat mengen.

SPAGHETTISALAT MIT ZUCCHINI UND ZITRONE

Dieser Sommernudelsalat braucht kaum Marinierzeit, weil er warm zubereitet wird und die Aromen deswegen sofort aufgesaugt werden. Dafür gibt es zwei Wege: einer führt über warme Nudeln und der andere übers warme Dressing.

Zutaten für 4 Portionen
1 Hand voll Kirschtomaten • Salz • 600 g kleine Zucchini • 500 g Spaghetti • 1 Bund Frühlingszwiebeln • 2 Bund glatte Petersilie • 1 Zitrone • 8 EL Pesto (aus dem Glas oder selbst gemachtes, Seite 152) • 4 EL Olivenöl • Pfeffer

Zubereitungszeit: 30 Minuten

↓ *Erst sieht es nach einem Teller Pasta aus, aber dann ist es ein Spaghettisalat mit Zucchini und Zitrone.*

› Die Kirschtomaten waschen, halbieren und mit 1 TL Salz vermischt im Sieb 20 Minuten abtropfen lassen. Einen großen Topf mit Wasser aufstellen, aufkochen. Die Zucchini waschen, putzen und im Ganzen mit den Nudeln ins Wasser werfen. Kräftig salzen und unter Rühren 8–10 Minuten kochen lassen.

› Derweil die Frühlingszwiebeln waschen, putzen und in Ringe schneiden. Petersilie waschen, trockenschütteln und grob hacken. Die Zitrone auspressen. Alles mit Tomaten, Pesto und Öl in einer großen Schüssel verrühren, mit Salz und Pfeffer abschmecken.

› Die Spaghetti abgießen und die Zucchini herausfischen. Abgetropfte Nudeln heiß mit der Marinade mischen. Zucchini in Scheiben schneiden und darunter mengen. 5 Minuten stehen lassen und lauwarm servieren.

› Mit Spaghettiresten geht es umgekehrt. Da werden die Zucchini erst in Scheiben geschnitten und dann in 1 EL Öl bei mittlerer Hitze 1 Minute angebraten. Der Zitronensaft, das Pesto und übriges Öl kommen dazu, vom Herd damit. Das mit den kalten Spaghetti plus den Tomaten, den Zwiebeln und der Petersilie mischen, würzen und servieren.

Wie mach' ich ...

KARTOFFELSALAT?

Ganz klar: ganz pur. Ohne Mayonnaise, ohne Speck, ohne Brühe. Aber mit ganz guten Kartoffeln. Denn dann braucht es das alles nicht.

Die perfekte Salatkartoffel ist richtig schön speckig, wenn sie nach dem Kochen gepellt wird: saftig, glänzend, fest und von so würzigem Duft, dass ich gleich reinbeißen will. Klar, dass dies nur fest kochende Sorten sind, unter denen die kleinen, länglichen, unförmigen (Bamberger Hörnchen, Kipfler, Frankreichs La Ratte) oft die besten, aber auch die Rarsten sind. Doch Sieglinde, Linda, Nicola machen ebenfalls tolle Salate. 1 kg sollten es für 4 Leute schon sein. Dann braucht es Salz, 2 Zwiebeln, 6–8 EL Weißweinessig, 1 TL scharfen Senf, viel schwarzen Pfeffer und 6 EL Öl. Die Mutter macht noch 1–2 Spritzer Maggi dran, was ich mag. 1 Prise Liebstöckel geht genauso.

1. Los geht es mit den Pellkartoffeln, die nach dem Waschen samt Schale in Salzwasser etwa 20 Minuten gegart werden (Details auf Seite 69). Derweil wird die Sauce vorbereitet, damit es dann schnell gehen kann: Zwiebeln schälen, fein würfeln und mitsamt 6 EL Essig im kleinen Töpchen einmal durchkochen. Mit Senf und 1/2 TL Salz verrühren.

2. Gegarte Kartoffeln abgießen und kurz abschrecken (fürs bessere Pellen). Die heißen Knollen von der Schale befreien und über großer Schüssel mit kleinem Messer in knapp 1 cm dicke Scheiben schneiden. Darüber die warme Zwiebelmischung geben, kräftig mit Pfeffer übermahlen und behutsam vermengen, damit die Scheiben ganz bleiben. Nun das Öl untermischen (käme es gleich dazu, würde es die Scheiben gegen die Aromen versiegeln).

3. Jetzt den Salat beherzt abschmecken mit Salz und übrigem Essig (und Maggi), denn Kartoffeln schlucken viel Würze. Den Salat für 2 Stunden in der Küche stehen lassen, dabei noch zweimal vorsichtig mengen. Am Ende erneut abschmecken und zu Würstchen, (Hack)Steaks oder Fisch servieren.

LAUWARMER KARTOFFELSALAT MIT LAUCH UND LACHS

So fein kann Kartoffelsalat werden – perfekt für ein Picknick à la Chicken & Champagne.

Zutaten für 4 Portionen
600 g fest kochende Kartoffeln • Salz • 1 Stange Lauch • Zucker • 5 EL Weißweinessig • 100 g Räucherlachs • 80 g Crème fraîche • weißer Pfeffer • 1 Bund Schnittlauch

Zubereitungszeit: 45 Minuten
(+ 15 Minuten Marinieren)

› Kartoffeln waschen und samt Schale in Salzwasser in 20–25 Minuten bissfest kochen. Lauch putzen und vom dunklen Grün befreien, dann in feine Ringe schneiden. Im Sieb gründlich abbrausen.

› Im Topf 1/2 l Salzwasser mit 1/2 TL Zucker und 1 EL Essig aufkochen. Lauch darin in 2 Minuten bissfest garen, herausfischen und in eiskaltes Wasser tauchen. 300 ml Lauchsud zur Hälfte einkochen lassen. Den Lachs in Stücke teilen. Kartoffeln heiß pellen und in dünne Scheiben schneiden. Heißen Lauchsud mit übrigem Essig und Crème fraîche verrühren und mit Salz, Zucker und Pfeffer abschmecken.

› Marinade über Kartoffeln und Lauch gießen, behutsam mit dem Fisch vermengen und 15 Minuten ziehen lassen. Dabei zweimal mischen. Dann abschmecken und servieren. Zuvor aber noch Schnittlauch waschen, trockenschütteln, fein schneiden und drüberstreuen.

← *Du wird der Henkelmann zur wahren Schmuckdose: lauwarmer Kartoffelsalat mit Lauch und Lachs.*

BROTE

Am belegten Brot lässt sich das Kochen schön erklären, obwohl dabei gar nichts gekocht wird. Aber es ist vorher etwas gebacken worden (das Brot). Und es wurde mariniert (Lachs), geräuchert (Schinken), gebrüht (Wurst), gegrillt (Auberginen) und am Ende kommt sogar das Brot selbst in die Pfanne (beim Croque). Diese verschiedenen Gartechniken mit sehr puren Zutaten zu einem guten Essen zu verbinden – das ist gutes Kochen. Selbst wenn dabei wie gesagt, gar nichts gegart wird.

Wie mach' ich ...

EIN BUTTERBROT?

Eine ganze Seite über das Butterbrot? Ist das jetzt nicht doch ein bisschen übertrieben? Schauen wir einfach mal weiter.

Denn an so etwas Simplem lassen sich schön ein paar Goldregeln für die gute Küche erklären: Klug einkaufen. Beste Zutaten. Pur bleiben. Auf Kontraste setzen. Und schließlich Eigenes ausprobieren: Schnittlauchbrot, Tomatenbrot, Kräuterbutterbrot – aber das kommt später.

1. Gutes Brot, das ist in aller Ruhe mit Sauerteig und ohne künstliche Hilfe entstanden. Die Kruste ist weder krachig noch fluffig, das Innere zwar schwer, aber nicht wie ein Schwamm. Vollkorn oder nicht, Mischbrot oder Mehrkorn – das ist Geschmackssache. Sehr helle Brote sind aber füs Butterbrot nichts Rechtes. Und alles was nach Tüte schmeckt, ist sowieso tabu.

2. Gute Butter ist frische Butter, von der man auch gerne nascht. Probieren Sie mal Sauerteigbrot mit Süßrahmbutter und lernen Sie, wie sich schon mit simplen Kontrasten „kochen“ lässt. Die Butter sollte sich gut streichen lassen (also nicht kühlschrankhart sein), aber auch nicht weglaufen. Margarine? Dann wäre es kein Butterbrot mehr.

3. Messer oder Maschine? Wer Handarbeit schätzt und Tranchieren üben will, schneidet sein Brot mit dem scharfen Sägemesser. Das geht reibungslos durch die Rinde, ohne das Innere zu zerdrücken. Dann mit langen Zügen schneiden, damit die Scheibe glatt und gleichmäßig wird. Zu dick? Ist halt ein Naturprodukt. Und zu dünne Butterbrote sind eh ein Graus.

4. Zum Schmieren muss ich nichts sagen, da hat jeder seinen Stil. Daher: Wenn Sie jemandem ein Butterbrot streichen (was ein großer Liebesbeweis ist), fragen Sie ihn oder sie immer, wie man es gerne hätte. Kommt ein dickes Lob zurück: ganz großer Liebesbeweis!

KRÄUTERBUTTERBROTE

Dies ist das erweitere Butterbrot. Wobei diese Kräuterbutter hier schon was anderes als die gekaufte ist. Lässt man Quark und Radieschen weg und nimmt dafür ein wenig Knoblauch rein, kann sie auch aufs Steak.

Zutaten für 8 Portionen
1 Bund Radieschen (mit Grün) • 1 Hand voll Kräuter (Petersilie, Kerbel, Schnittlauch, ein wenig Estragon, kein Dill) • 250 g weiche Süßrahmbutter • 2 EL Quark • Salz • Pfeffer • 1 Spritzer Zitronensaft • 8 große Scheiben Sauerteigbrot

Zubereitungszeit: 15 Minuten

› Die Radieschen samt dem Grün waschen, Grün entfernen und beiseite legen, Radieschen hacken. Kräuter falls nötig waschen, ein paar zur Verzierung beiseite legen. Den Rest mit dem Radieschengrün hacken.

› Die Butter und den Quark kräftig mit dem Kochlöffel glatt rühren, aber keinesfalls luftig schlagen. Gehackte Kräuter und Radieschen untermengen, mit Salz, Pfeffer und Zitronensaft abschmecken.

› Das Brot mit der Kräuterbutter bestreichen und mit den beiseite gelegten Kräutern verzieren. Auch ein paar Frühlingszwiebelringe können darüber gestreut werden.

LIPTAUER-BROTE

Im Original wird dieser Heurigenaufstrich mit „Brimsen“ gemacht, was in Wien „Topfen vom Schöps“ ist. Wie bitte? Nun, auch wenn man weiß, dass Quark vom Schaf gemeint ist, hilft das nicht viel. Wo kriegt man den schon? Selbst im Liptauer-Aufstrich nur noch selten. Deswegen hier eine gängige Alternative.

Zutaten für 4 Portionen
1 Zwiebel • 50 g Butter • 2 TL edelsüßes Paprikapulver • 1 TL Kapern • 2 Sardellenfilets • 50 g Feta-Schafkäse • 250 g Magerquark • 1 TL scharfer Senf • Salz • Pfeffer • 4 Scheiben Graubrot

Zubereitungszeit: 15 Minuten (+ 1 Stunde Ruhe)

› Die Zwiebel schälen und fein würfeln. Die Butter in einem kleinen Topf schmelzen lassen. Darin bei kleiner Hitze die Zwiebel zugedeckt 5 Minuten dünsten. 1 TL Paprikapulver einrühren und abkühlen lassen.

› Die Kapern und Sardellen fein hacken. Den Feta grob reiben. Dies mit dem Quark, der Paprikabutter und dem Senf verrühren und mit Salz und Pfeffer würzen. Den Liptauer 1 Stunde zugedeckt kühl stellen.

› Den Liptauer dick auf die Brote schmieren und mit übrigem Paprikapulver bestreuen.

DREIKÄSEBROTE

Das kann nur im deutschsprachigen Raum erfunden worden sein, wo man seine Brote offen belegt und ohne Zusammenklappen isst und dem Ganzen dann noch so schöne Namen wie „Brotzeit“ oder „Abendbrot“ gibt. Aber Dreikäsebrot klingt auch nicht schlecht, oder? Erfunden beim Abendbrot von drei jungen Männern mit drei verschiedenen Lieblingskäsesorten. Inzwischen Stammessen.

← *Dreikäsebrote mit Frisch-, Schnitt- und Hartkäse, der zum Schluss noch in Spänen drüberkommt.*

Zutaten für 4 Portionen
4 Scheiben helles Sauerteigbrot oder festes Weißbrot • 8 EL Doppelrahmfrischkäse • 1 TL Pesto (aus dem Glas oder selbst gemachtes, Seite 152) • 150 g Raclette-Käse (ersatzweise: würziger Gouda oder ein anderer Schnittkäse mit viel Aroma) • 50 g Parmesan

Zubereitungszeit: 10 Minuten

› Brotscheiben leicht antoasten oder in der trockenen Pfanne anrösten und abkühlen lassen. Derweil den Frischkäse mit dem Pesto verrühren und den Gruyère in dicke Scheiben schneiden.

› Den Frischkäse dick auf die Brote streichen. Den Gruyère darauf legen und ein bisschen festdrücken, damit nichts ins Rutschen kommt.

› Jetzt Parmesan in groben Spänen darüber hobeln – wie grob, ist Ansichtssache. Fertig ist das Dreikäsebrot. Dazu schmeckt alles: Wein, Bier, Apfelschorle, Kakao (kalt oder heiß).

Wie mach' ich …

EIN SANDWICH?

Erstens: Nicht mit viel Schnickschnack, damit ich schmecke, was drin ist. Zweitens: mit wirklich weißem Brot. Sonst ist es kein Sandwich. Und drittens: Wie wäre es mit einem Lachssandwich für den Anfang?

Für uns Butterbrotesser ist die Verbindung von flauschigem Äußeren mit cremigem Inneren zwar ungewöhnlich, aber sie hat was. Etwas, das einen nicht mehr loslassen kann. Wenn die Zutaten stimmen. Wenn also die Brote nicht bloß Toastbrote sind, sondern etwas größere und würzigere Sandwich-Weißbrote mit weicher (!) Kruste: 2 je Sandwich. Ein Muss ist die Creme, die zum Beispiel aus Frischkäse sein kann: 2–3 EL je Sandwich. Da können Kräuter und Gewürze hineinkommen oder auch gar nichts. Dann sollte aber der Belag Würze haben – hier würde sich eine Kombination aus Frühlingszwiebel (1/2), Räucherlachs (50 g), Kapern (1 TL) anbieten, vollendet mit etwas abgeriebener Schale und Saft einer unbehandelten Zitrone plus Pfeffer. Machen wir also dieses Lachssandwich. Aber nicht das Salatblatt vergessen!

1. Die Frühlingszwiebel waschen und putzen, dabei das dunkle Grün und die Wurzeln entfernen. Die Zwiebel in Ringe schneiden. Das Salatblatt waschen und trocknen. Die beiden Brotscheiben mit Frischkäse bestreichen.

2. Auf 1 Scheibe wird das Salatblatt und der Lachs gelegt, darauf kommen Zwiebelringe und Kapern, darüber wird Pfeffer gemahlen, wenig Zitronenschale gestreut sowie etwas Saft geträufelt. Zum Abschluss die andere Brotscheibe draufsetzen, andrücken. In Dreiecke teilen und gleich essen – oder auch später. Dabei feststellen, dass man 2 Sandwiches pro Person braucht.

Weitere Sandwich-Belag-Ideen: Frischkäse mit Curry, Brathähnchen und Mango; Mascarpone-Parmesan-Creme mit getrockneten Tomaten; Kartoffel-Quark-Creme mit gehackten Oliven und Kreuzkümmel.

↓ *Der Döner für Vegetarier: Pita mit Grillgemüse, knackigem Salat und einer Joghurt-Knoblauch-Sauce.*

PITA MIT GRILLGEMÜSE

Zutaten für 4 Portionen
1 Aubergine • je 1 rote und gelbe Paprikaschote • 6 EL Olivenöl • 1 TL getrockneter Oregano • 150 g Schafkäse • 50 g Joghurt • 1 EL gehackter Dill • 1 gehackte Knoblauchzehe • 4 Blätter Romana-Salat • 1 TL Zitronensaft • Salz • Pfeffer • 4 Pita-Brote

Zubereitungszeit: 25 Minuten

› Backofengrill anheizen. Gemüse waschen und putzen. Auberginen in Scheiben, Paprika in nicht zu kleine Stücke schneiden. Mit Öl und Oregano mischen. Käse reiben und mit Joghurt, Dill und Knoblauch verrühren. Romana waschen und trockenschütteln.

› Gemüse abtropfen lassen (Öl in die Creme rühren), auf ein Backblech legen, unterm Grill (Mitte) 6–8 Minuten braten. Mit Zitronensaft, Salz, Pfeffer würzen, 5 Minuten ziehen lassen.

› Die Pitas kurz im Ofen (oben) rösten, einschneiden und die Taschen mit Romana und Gemüse füllen. Die Sauce nach Döner-Art darüber geben. Gleich aus der Hand essen.

Wie mach' ich ...

BRUSCHETTA?

Bruschetta machen ist einfach. Ihr Geheimnis liegt in der Qualität der Zutaten – Brot, Olivenöl und vor allem Tomate.

Sonnengereifte Tomaten haben das richtige Maß an Aroma und Zartheit für die Bruschetta. Für 4 Brote braucht man 2–3 Stück. Die Tomaten nicht in den Kühlschrank legen, weil sie kalt kaum schmecken und das Brot zu schnell abkühlt. Das sollte schweres Hefebrot sein, auch helles Sauerteigbrot ist eine gute Unterlage. Und das Öl? Vom Feinsten: nativ extra, fruchtig-herb, mit viel Duft – 1 EL je Brot darf ruhig drauf. Dann 2 Knoblauchzehen, so frisch wie es geht und ohne grünen Keim. Und Salz sowie schwarzer Pfeffer aus der Mühle. Basilikum? Kann, muss aber nicht sein.

1. Als erstes die Tomaten waschen, von den Stielansätzen befreien und in etwa 1 cm große Würfel schneiden. Das Brot in nicht zu dünne Scheiben schneiden. Die Knoblauchzehen schälen und längs halbieren.

2. Den Backofengrill anstellen oder den Ofen auf höchste Stufe vorheizen. Brotscheiben auf einen Gitterrost legen, in den Ofen schieben (beim Grill: zweite Schiene von oben; bei höchster Stufe: oberste Schiene) und knusprig rösten – pro Seite etwa 2 Minuten. Knoblauch mit der Gabel einstechen und etwas pressen. Die Brote damit einreiben und mit dem Öl beträufeln.

3. Die heißen Brotscheiben quer halbieren, dann die Tomaten darauf verteilen, mit Salz und Pfeffer würzen und mit der Gabel leicht zerdrücken. Sofort servieren, wer mag mit Basilikum.

PILZ-BRUSCHETTA

Zutaten für 4 Portionen
100 g Champignons • 8 Scheiben Parmaschinken • 1 Bund Schnittlauch • 6 EL Olivenöl • 1/2 TL scharfer Senf • 1/2 TL Zitronensaft • Salz • Pfeffer • 4 Scheiben schweres Hefeweißbrot • 1 Knoblauchzehe

Zubereitungszeit: 20 Minuten

› Pilze putzen, in dünne Scheiben schneiden. Schinken in Streifen schneiden. Schnittlauch waschen, trockenschütteln, fein schneiden. Alles miteinander mischen. 2 EL Öl, Senf, Zitronensaft, Salz und Pfeffer verrühren.

› Wie links: Grill oder Ofen vorheizen. Brote auf dem Rost in den Ofen schieben und auf beiden Seiten knusprig rösten. Knoblauch schälen, halbieren, einstechen und die Brote damit einreiben. Mit übrigem Öl beträufeln.

› Die Pilzmischung auf die heißen Brotscheiben geben und mit der Senf-Öl-Sauce beträufeln. Sofort servieren.

WELSH RAREBIT

„Waliser Bruschetta" – mit Toastbrot unten drunter und Käse, Bier und Senf obenauf (im Original mit Senfpulver). Geht schneller als das Abendbrottischdecken.

Zutaten für 4 Portionen
8 Scheiben Toastbrot • 300 g Reibekäse (etwa Cheddar, alter Gouda) • 4 EL helles Bier • 2 EL scharfer Senf • 2 Eigelbe

Zubereitungszeit: 10 Minuten

› Als erstes den Backofen auf 225 °C (Umluft 200 °C) vorheizen. Die Toastbrote im Ofen (oben) auf jeder Seite 1 Minute anrösten.

› Den Käse mit Bier, Senf und Eigelben zu einer Masse vermengen und diese auf die Toasts streichen.

› Toasts auf dem Gitterrost 5–6 Minuten im Ofen auf oberster Schiene backen, bis die Käsemasse leicht gebräunt ist. Dazu: Bier.

Wie mach' ich …

EINEN CROQUE?

Mein Hamburger heißt Croque Monsieur, den es bei uns komischerweise vor allem in Hamburg gibt. Aber nicht die De-luxe-Version. Und schon gar nicht den Croque Choc, den wir rechts sehen.

Croque „simpel" ist ein Schinken-Käse-Toast, der zwischen zwei Toasteisen geröstet wird. Schon lecker, aber nicht dieses fette Wohlfühlteil, das ich mir gern gegen Mitternacht mache – wie früher in der Hotelküche, wenn die Gäste satt waren und die Köche Hunger hatten. Für 4 braucht's: 8 Scheiben Kastenweißbrot (Toast zur Not), 4 TL scharfen Senf, 2 Stängel Estragon, 100 g Reibekäse (Gruyère, Gouda), 4 Scheiben Kochschinken, 4 EL Butter, 4 Eier.

1. Die Brotscheiben werden in der Pfanne ohne Fett auf einer Seite geröstet, dann auf der hellen Seite mit Senf bestrichen. Den Estragon waschen und trockenschütteln, Blättchen hacken und mit Käse mischen. Schinken passend zum Brot quadratisch schneiden und die Reste aufheben. Auf die Senfseite von 4 Broten die Hälfte des Käses streuen, den Schinken darüber legen. Schinkenreste und übrigen Käse darauf verteilen. Restliche Brote mit der Senfseite darauf legen und einmal mit der Hand fest draufdrücken.

2. Eine große Pfanne auf Mitte erhitzen und 2 EL Butter darin schmelzen. Eier verschlagen, zwei Croques mit den Kanten 3–4 cm tief eintauchen und auf jeder Seite 2–3 Minuten braten, bis sie knusprig sind und der Käse schmilzt. In je zwei Dreiecke teilen und den Leuten samt Serviette in die Hand drücken. Die anderen Brote ebenso braten und sich selbst gönnen.

4. Und jetzt das Superlativ: Croque Choc. Comfort Food XXL. Geht wie Croque Monsieur, nur dass statt Käse, Schinken und Senf 1/2 Tafel der Lieblingsschokolade zwischen die Brote kommt und ins Ei noch 2 EL Crème fraîche und 1 EL Vanillezucker. Wer da nach dem ersten Biss nicht grinst …

Die drei Schritte zum Glück: Die halbe Tafel Lieblingsschokolade zwischen zwei Weißbrote betten,

das Ganze in Vanille-Eier-Creme tauchen und dann in viel Butter braten. Zu einem guten Kaffee genießen

SÜSSES

Ich finde es wichtig, am Ende süß zu sein. Denn so bleibt ein Essen in guter Erinnerung. Wobei „bloß süß“ nicht ausreicht. Ein Kirschkompott oder Obstsalat kann so langweilig wie sein Name werden. Der Obstsalat kann aber auch beleben wie eine Wundertüte voller Edelsteine – hübsche Früchte mit Aroma, bei denen Süße, Säure und Biss perfekt abgestimmt sind. So werden Desserts bemerkenswert. Wobei man eins keinesfalls vergessen sollte: den süßen Espresso zum Schluss, den finde ich ganz besonders wichtig.

Wie mach' ich ...

OBSTSALAT?

Ein purer guter Obstsalat braucht nicht extra Zucker, Gewürz, Säure oder gar Sprit. Wichtig für Aroma und Optik: die Früchte nicht zu klein und jeweils in verschiedene Formen schneiden.

1. Obst mag es sauer. Deswegen sollten 2–3 Orangen im Salat sein (im Sommer fad, da helfen 1–2 TL Zitronensaft). Die Orangen werden gründlich samt weißer Haut geschält: Ich kappe die „Pole", setze die Frucht auf einen Anschnitt und schneide die Schale Stück für Stück von oben nach unten ab. Orange halbieren, weiße Fasern entfernen und das Fruchtfleisch würfeln. In die Schüssel damit.

2. Äpfel geben dem Obstsalat Biss und Süße. Nehmen Sie 2–3, die das volle Aroma haben – Cox Orange, Topas, Braeburn, Pink Lady oder rare und alte Sorten wie Renetten. Die Äpfel werden samt Schale gewaschen, je nach Größe geachtelt oder geviertel und von den Kernen befreit. Dann die Stücke in knapp 1 cm dicke Scheiben schneiden. Gleich mit Orangen mischen, so werden sie nicht braun.

3. Für besondere Süße und Saftigkeit braucht es noch eine dritte Frucht. Etwa eine Honigmelone (halbieren, mit dem Löffel entkernen, in 8–12 Spalten teilen, schälen und in Stücke schneiden), 2–3 Nektarinen oder Pflaumen (waschen, halbieren, entkernen, in Spalten teilen), 1 Ananas (längs vierteln, Strunk raus, schälen, in Scheiben teilen), Kiwi (schälen, in Scheiben schneiden), Papaya (halbieren, entkernen, schälen, quer in Scheiben schneiden), Mango (Fleisch am Stein entlang abschneiden, schälen, würfeln).

4. Die Früchte werden behutsam gemischt und sollten mindestens 15 Minuten ziehen, aber nicht länger als 2 Stunden – an heißen Tagen im Kühlschrank (30 Minuten vorm Servieren rausnehmen), sonst im Raum (30 Minuten vorm Servieren kühlen).

Wer gerade erst ins Geschäft des Menü-Kochens eingestiegen ist, kann unterwegs schon mal recht tief in den Butter- oder Sahnetopf greifen, weil so alles gleich ein wenig voller schmeckt. Schon in Ordnung. Dann sollte man das aber beim Nachtisch ganz lassen und lieber auf leichte Süße und erfrischende Säure setzen. Damit auch die Erinnerung an das Menü leicht und frisch bleibt. Perfekt dafür: purer Obstsalat. Langweilig? Nicht, wenn die Früchte richtig gut sind, wenn das Verhältnis zwischen süß und sauer, weich und knackig, groß und klein stimmt.

ORIENTALISCHER OBSTSALAT

Mit allem, was gut ist im Morgenland. Apropos Morgen: Als Müsli funktioniert das auch.

Zutaten für 4 Portionen
50 g Bulgur (Weizenschrot, gibt's beim Türken oder im Bio-Laden) • 150 ml Orangensaft • 2 EL Pistazienkerne • 50 g Haselnusskerne • 1 TL Olivenöl • 2 TL brauner Zucker • Salz • 150 g Joghurt (am besten mit 10 % Fett wie im griechischen, mindestens aber 3,5 %) • gemahlener Zimt • 4–5 frische Feigen (müssen nicht sein, wenn's keine gibt) • 1 kleine Melone (Netz-, Cantaloupe-, Ogen-Melone) • 4 Datteln

Zubereitungszeit: 15 Minuten
(+ **3 Stunden bis 1 Nacht Ruhe**)

› Den Bulgur mit Orangensaft mischen und 3 Stunden oder auch über Nacht einweichen.

› Den Backofen auf 200 °C (Umluft 180 °C) vorheizen. Pistazien und Haselnüsse mit dem Öl, 1 TL Zucker und 1 Prise Salz auf dem Blech mischen und etwa 10 Minuten im Ofen (Mitte) rösten, dabei öfters rütteln. Den Joghurt mit restlichem Zucker und 1 Prise Zimt verrühren.

› Die Feigen waschen und in Spalten teilen. Melone halbieren, entkernen und in Spalten schneiden, die Schale wegschneiden und das Fleisch in Stücke teilen. Die Datteln vom Stein lösen und würfeln.

› Vorm Servieren die Früchte mit dem Bulgur und der Nussmischung locker vermischen. Auf Schälchen verteilen, den Joghurt darauf geben und das Ganze mit Zimt bestäuben.

› Wer es noch orientalischer mag, kann ein paar Tropfen Rosenwasser (Apotheke) in den Joghurt rühren, Minzeblätter untermischen oder Granatapfelkerne über alles streuen.

BEEREN IN CASSIS

Keine Beeren sowie keinen Alkohol, keinen Zucker, keinen Zitronensaft extra an den Obstsalat, dafür auf Kontraste setzen und nicht zu lange ziehen lassen – hier werden all diese Obstsalatregeln ignoriert. Der Effekt: pure Harmonie rund um eine Sorte Frucht. Das Yin und Yang des Obstsalats eben.

Zutaten für 4 Portionen
600 g Beeren mit Aroma (süß und sauer, etwa Johannis-, Heidel-, Brom-, Himbeeren) • 1/2 Zitrone • 80 g Zucker • 4 EL Crème de Cassis (schwarzer Johannisbeerlikör)

Zubereitungszeit: 10 Minuten
(+ **4 1/2 Stunden Ruhe**)

↓ *Ein schlichtes und schnelles Rezept, das mit guten Früchten zum Luxus wird: Beeren in Cassis.*

› Am besten ist es, wenn wir die Beeren nicht waschen müssen, sie also aus einem Garten des Vetrauens oder vom Bio-Laden kommen. Denn ihr in der Sonne gesammeltes Aroma ist sehr flüchtig (besonders bei den Him- und Brombeeren) und würde schnell mit dem Wasser verloren gehen. Muss man unbedingt waschen, dann jeweils vor dem Putzen ganz kurz unterm sanften Wasserstrahl im großen Sieb – die Beeren nie in Wasser liegen lassen. Dann die Früchte gut trockentupfen.

› Die Johannisbeeren von den Rispen zupfen. Bei den anderen Beeren, nur falls nötig, die Stiele oder Stielansätze entfernen. Den Saft der Zitrone auspressen und mit Zucker und Cassis verrühren.

› Die Früchte mit dem Cassis-Dressing mischen und zugedeckt 4 Stunden im Kühlschrank durchziehen lassen. Dort ganz nach oben stellen, da ist es nicht so kalt.

› Die Beeren dann noch für 30 Minuten in die Küche stellen, damit sie nicht eiskalt sind, aber immer noch erfrischen können.

› Dann werden sie samt ihrem Saft auf kleine Schalen verteilt. Zum Aufhübschen können noch ein paar Blättchen Minze oder Zitronenmelisse dazukommen, aber eigentlich braucht es nichts mehr zum Glück. Außer vielleicht 1 EL Crème fraîche für jeden, der einfach etwas Sahniges zu seinen Beeren braucht.

Wie mach' ich ...

APFELKOMPOTT?

Mit ein wenig Karamell. Ein bisschen Zitrone. Etwas Apfelsaft extra. Sonst nichts. So pur wie Obstsalat also. Nur dass hier gekocht wird.

Die Dosenköche wie die feine Küche haben das Kompott etwas versaut – in Richtung süße Siruptunke ohne Restgeschmack oder knackiges Gemisch mit zu vielen Geschmäckern. Hier geht es ums echte Kompott am Beispiel des Apfels, weich gekocht aus besten Früchten und nicht viel mehr. Es passt zu Pfannkuchen und Kartoffelpuffern, in Quark oder unter Cremes. Wir brauchen für 4–6 Portionen: 1 1/2 kg aromatische, nicht zu knackige Äpfel, 6 EL Zucker, 1 EL Zitronensaft und 150 ml guten Apfelsaft.

1. Erst mal probieren: Schmeckt mir der Apfel? Lässt sein Duft mich gierig werden auf sein Fleisch, das süß und saftig, aber auch sauer und mürbe sein soll? Ist es vielleicht ein Cox Orange, ein fester Boskoop, gar eine Renette oder ein Berlepsch? Kein krachiger Granny, kein fader Delicious, kein mehliger Massenapfel? Dann wird alles gut: Wir schälen die Äpfel, vierteln sie, schneiden die Kerngehäuse heraus und teilen die Viertel noch einmal.

2. Für ein wenig Karamell wird der Zucker mit dem Zitronensaft im großen Topf vermischt. Dies bei mittlerer Hitze unter Rühren schmelzen und leicht hellbraun werden lassen – nicht zu braun, sonst stört das im Kompott. Da hinein werden die Apfelspalten gerührt und zugedeckt 1 Minute gedünstet.

3. Jetzt mit Apfelsaft ablöschen und die Äpfel je nach Beschaffenheit und Größe der Spalten 3–5 Minuten zugedeckt dünsten, bis sie weich, aber nicht verkocht sind. Vom Herd ziehen und mit dem Kartoffelstampfer kurz hineingehen, sodass am Ende etwas Mus und viele Stücke im Topf sind. Wird mehr gestampft oder gleich püriert, haben wir Apfelmus gekocht. Das Kompott abkühlen lassen und sofort frisch oder nach 1 Tag Kühlschrankreife (dann muss es aber 30 Minuten zuvor rausgeholt werden) genießen.

↓ *Ein englisches Hausrezept, das gut zu Tee mit Biskuits passt, aber auch als Dessert mit Eis schmeckt.*

KOMPOTT AUS TROCKENFRÜCHTEN

Zutaten für 4 Portionen
je 100 g getrocknete Feigen und Apfelringe • 150 g getrocknete Aprikosen • 50 g Sultaninen • 200 ml Brandy (für die Kinder: Traubensaft) • 150 ml Weißwein (Kinder: Traubensaft) • 3 unbehandelte Orangen • 1 Vanilleschote • 1 Stück frischer Ingwer (3 cm) • 100 g Zucker (Kinder: 70 g)

Zubereitungszeit: 10 Minuten (+ Marinier- und Kühlzeit + 20 Minuten Garen)

› Trockenfrüchte abbrausen und mit Alkohol und 100 ml Wasser über Nacht einweichen.

› Orangen heiß waschen, abreiben und die Schale im Sieb mit Wasser überbrühen, sonst schmeckt sie bitter. Orangensaft auspressen. Vanilleschote längs halbieren, Mark herausschaben, die Schote aufheben. Den Ingwer schälen und in feine Streifen schneiden.

› Alle Zutaten bei kleiner Hitze 20 Minuten kochen, im Topf abkühlen lassen (gerne über Nacht; je länger, desto besser). Das Kompott mit etwas Sud nach Gusto servieren.

Wie schlag' ich …

SCHLAGSAHNE?

Es ist stets ein kleines Wunder, wenn aus dem Rahm der Milch ein göttlicher Schaum wird. Was passiert da? Interessiert uns hier nicht.

Die Wissenschaft kann uns das zwar so genau erklären wie die Chemie bei der Liebe. Aber wer braucht's, wenn wir bloß machen und genießen wollen? Was wir brauchen, ist fette Sahne: 30 % mindestens sollten auf dem Etikett stehen. Was dort nicht zu lesen sein soll, ist ein „H" wie „haltbar" („wärmebehandelt" ist ok). H-Sahne schmeckt nicht. Und: Die Sahne muss ganz kalt sein. Daher im Kühlschank übers Gemüsefach stellen, wo es am kältesten ist.

1. Sahne mit der Hand zu schlagen ist eine gute Übung und imponiert. Dazu habe ich es im Gefühl, wann die Sahne steif und luftig ist – bevor sie zu Butter wird, was mit dem E-Handrührer schnell passieren kann. Der Kompromiss: elektrisch anschlagen und am Schluss per Hand weitermachen.

2. In jedem Fall ist die Schüssel weit und hoch. Darin wird Sahne luftig, ohne dass es spritzt. Fürs Handschlagen ist ein gewölbter Boden ideal, über den der aus dem Handgelenk geschlagene Schneebesen voller Schwung streichen kann, bevor er zur nächsten Runde wieder nach oben zieht. Denn bloßes Hin- und Herschlagen von Schüsselrand zu Schüsselrand macht Schlagsahne nicht luftig. Beim Arbeiten mit dem E-Handrührer wird dieser während des Schlagens durch die Schüssel bewegt, statt eng im Litermaß auf der Stelle zu rotieren. Sonst bekommt die Sahne keine Luft und wird schneller zu Butter, als man schauen kann (siehe oben).

3. Nun das Wunder: Flüssiges beginnt zum zugleich festen und luftigen Gebilde zu werden, in dem beim Durchfahren Spuren zurückbleiben. Nun spätestens ist der Schneebesen dran, der das Ganze so stabil macht, dass am Ende kleine weiße Zipfelmützen von ihm abstehen, deren Spitzen nicht in Richtung Küchenboden zeigen. Das Wunder Schlagsahne ist vollbracht.

WEISSER MOKKASAHNE-SCHAUM MIT KIRSCHEN AUS DEM GLAS

Anders als Eischnee ist Schlagsahne nicht so zimperlich, wenn Fremdes mit ihr in die Schüssel kommt. Sie verträgt das, wenn sie dann wieder richtig durchkühlt. Man kann Schokolade in ihr schmelzen und daraus mit links eine Mousse schäumen. Man kann weiße Mokkasahne (nicht verwechseln mit Kaffeesahne) mit ihr machen. Und man kann beides machen: weißen Mokkasahneschaum.

Zutaten für 4 Portionen
Für den Schaum: 1 Vanilleschote • 50 g Kaffeebohnen (von der Lieblingssorte) • 500 g Sahne • 1 Tafel beste weiße Schokolade • Salz
Für die Kirschen: 250 g Kirschen (aus dem Glas, samt 200 ml Kirschsaft) • 6 EL Kirschlikör • 6 EL Zucker

Zubereitungszeit: 30 Minuten
(+ 6 Stunden Kühlen)

› Für den Schaum die Vanilleschote längs aufschlitzen, das Mark herausschaben und samt Schote und Kaffeebohnen zur Sahne geben. Alles erwärmen, aber nicht aufkochen, und 15 Minuten bei kleinster Hitze ziehen lassen.

› Die Schokolade hacken und in der heißen Sahne schmelzen lassen. Alles abkühlen und zugedeckt mindestens 6 Stunden (am besten über Nacht) im Kühlschrank „reifen" lassen.

› Die Kirschen abgießen, dabei 200 ml Saft auffangen und mit Likör und Zucker auf ein Drittel einkochen. Die Kirschen hineingeben, abkühlen lassen, wie die Sahne kühl stellen.

› Zum Vollenden die Sahne durch ein Sieb gießen und aufschlagen wie auf der Seite 218 beschrieben. Trinkgläser abwechselnd mit Sahne und Kirschen füllen. Wer mag, kann noch ein paar Kaffeebohnen drüberstreuen.

GRÜNER TEESCHAUM IM TÜRMCHEN

Man mag lieber Tee? Auch damit lässt sich Sahne schlagen. Und Mascarpone kann auch noch in den Schaum hinein. Wichtig: Den Tee im guten Tee- oder Bio-Laden kaufen!

Zutaten für 4 Portionen
4 EL Sherry (für die Kinder: Traubensaft) • 5 EL Puderzucker • 2 TL grünes Teepulver (gibt's im guten Tee-, Asia- oder Bio-Laden; nach japanischem Matcha-Tee fragen) • 1 Limette • 250 g Sahne • 250 g Mascarpone • etwa 24 dünne Orangenkekse

Zubereitungszeit: 25 Minuten
(+ 1 Stunde Kühlen)

← *Kaffee mit Sahne aufgebrüht: Mokkaschaum.*

↓ *Orangenkekse japanisch – mit Teeschaum gefüllt.*

› Sherry mit Puderzucker verrühren und erhitzen, aber nicht aufkochen. Vom Herd ziehen und das Teepulver darin verrühren. Den Saft der Limette auspressen und dazugeben, den Sirup abkühlen lassen.

› Sahne und Mascarpone in einer Schüssel mit dem Handrührgerät steif schlagen wie auf den Seiten zuvor beschrieben. Tee-Sirup darunter ziehen und die Creme 1 Stunde zugedeckt in den Kühlschrank stellen.

› Auf der Arbeitsplatte 16 Kekse auslegen. Nun den Spritzbeutel mit Lochtülle nehmen (oder beim 1-l-Gefrierbeutel am Eck 2 cm abschneiden) und den oberen Beutelrand nach außen umschlagen. Eine Hand unter den Rand schieben und den Beutel so halten. Die Creme mit einem Löffel einfüllen. Den Rand hochklappen und eindrehen.

› Nun mit einer Hand die Tülle fassen und führen, während die andere den Beutel oben immer weiter eindreht. Dabei den Teeschaum als Tupfen auf die ausgelegten Kekse setzen. Je 2 Kekse mit Schaum aufeinander legen, mit den puren Keksen abschließen. Wer mag: etwas Teepulver darüber streuen.

Wie mach' ich ...

CRÈME BRÛLÉE I.?

Crème brûlée steht seit dem 18. Jahrhundert in Kochbüchern, der Bunsenbrenner wurde erst im 19. erfunden. Was sagt uns das?

Dass für die wahre Brûlée der Gang zu Baumarkt wie Küchenboutique überflüssig ist, wo es schon Spezialbrenner fürs Karamellisieren gibt. Wir machen das im Ofen. Aber nicht die Creme selbst, die wird auf dem Herd gerührt. Wir brauchen für 4 Leute: 500 g Sahne, 1 Vanilleschote, 5 Eigelbe, 4 EL Puderzucker, 1 winzige Prise Salz, braunen Zucker (am besten Rohrzucker).

1. Die Sahne in einen Topf mit schwerem Boden gießen. Vanilleschote aufschlitzen, das Mark in die Sahne kratzen, die Schote dazugeben. Sahne zum Kochen bringen, dann 10 Minuten neben dem Herd ziehen lassen. Schote herausnehmen. Eigelbe, Puderzucker und Salz mit dem Kochlöffel verrühren, nicht schaumig schlagen. Dies nach und nach in die heiße Sahne rühren.

2. Ein Wasserbad bauen: Einen Topf, in den man den mit der Eiersahne setzen kann, halb mit Wasser füllen, aufkochen. Die Hitze unterm Wassertopf klein schalten, anderen Topf reinstellen. Die Sahne mit dem Kochlöffel gleichmäßig rühren, bis sie dickflüssig wie Pudding ist. Dabei auch in die „Ecken" gehen und aufpassen, dass es nicht zu heiß wird, da die Masse sonst gerinnt. Passiert das, Topf aus dem Wasserbad nehmen, die Creme mit dem Schneebesen kräftig schlagen (sonst tabu). Dann normal weitermachen. Creme in flache ofentaugliche Schälchen füllen und abkühlen lassen, dann abgedeckt über Nacht kühlen. Und vier Eiswürfelbehälter voll Wasser einfrieren.

3. Nun den Ofengrill 15 Minuten vorheizen. Eine große Gratinform mit einer Lage Eiswürfel füllen, die Schälchen reindrücken. Die Creme dünn mit braunem Zucker bestreuen. Direkt unter den Grill schieben – den Zucker bei leicht geöffneter Ofentür in etwa 30 Sekunden karamellisieren. Raus damit, kurz stehen lassen und servieren. Doch zu aufwändig? Siehe rechts.

CRÈME BRÛLÉE II.

Also gut, das erste Rezept war was zum Kennenlernen (wie ist sie so, die wahre Brûlée?), Lernen (wie koch' ich eine samtweiche Eiercreme?) und damit auch zum Fehler machen. Das kann einem bei diesem Rezept hier nicht passieren. Narrensicher! Und auch ziemlich unwiderstehlich.

Zutaten für 4 Portionen
1 Vanilleschote • 500 g Sahne • 5 Eigelbe • 50 g Puderzucker • 1 Prise Salz • brauner Zucker

Zubereitungszeit: 20 Minuten
(+ 1 Stunde Garen + 4 Stunden Kühlen)

› Am Anfang läuft es wie nebenan: Vanilleschote aufschlitzen, auskratzen, mit Sahne erhitzen und ziehen lassen. Die Eigelbe erst mit Puderzucker und Salz und dann mit Vanillesahne minus der Schote verrühren.

› Jetzt aber: Backofen vorheizen auf 120 °C (Umluft 100 °C). Creme in flache hitzebeständige Förmchen füllen, auf ein tiefes Backblech setzen. So viel Wasser angießen, dass die Förmchen zur Hälfte darin stehen.

› Nun die Creme etwa 1 Stunde im Ofen (Mitte) stocken lassen, sodass sie im Inneren noch wabbelt. Vom Blech damit, auskühlen lassen und unter Folie 4 Stunden (besser noch über Nacht) kühlen.

› Schließlich dünn mit braunem Zucker bestreuen und wie links beschrieben grillen. Oder doch mit dem Gasbrenner (was natürlich auch erlaubt ist) arbeiten.

← *Unten schön sahnig und flaumig, oben ganz dünn und knusprig – ja so muss eine Crème brûlée sein.*

Wie koch' ich …

KARAMELLPUDDING?

Und zwar den richtig Falschen? Das heißt: Nicht aus der Tüte (richtig), sondern mit selbst gemachtem Karamell sowie Sahne, Stärke und Ei im Topf (wofür Pudding eigentlich der falsche Name ist).

Der echte Pudding gart in der Form im Wasserbad, was dauern kann. Der, den wir Pudding nennen, ist eigentlich ein Flammeri, der seine Bindung im Topf auf dem Herd erhält. Wir sagen trotzdem „Pudding“ dazu, gut? Für den mit Karamell brauchen wir: 100 g Zucker, 1/2 Vanilleschote, 350 g Sahne, 3 EL Speisestärke, 2 Eigelbe und 1 winzige Prise Salz.

1. Bei kleiner Hitze den Zucker mit 1 EL Wasser im schweren Topf zum Schmelzen bringen. Zuckersirup unter Rühren in 1–2 Minuten gelb werden lassen. Nun geht's schnell: der Sirup wird erst beige, dann hellbraun, dann ist's Karamell. Jetzt 100 ml heißes Wasser dazugießen, bevor der Zucker dunkelbraun und bitter wird. Das zischt! Nun kochen lassen, bis alles gelöst ist.

2. Vanilleschote längs aufschlitzen, Mark herauskratzen und samt Schote und 300 g Sahne mit dem Karamell aufkochen, 10 Minuten neben dem Herd ziehen lassen. Stärke mit übriger Sahne verrühren. Die Schote aus der Karamellsahne fischen, Sahne aufkochen. Vom Herd ziehen, Stärke dazurühren (nur kalt angerührt löst sie sich und bindet den Pudding). Dann 2 Minuten kochen lassen – unter Rühren, damit nichts anbrennt. Eigelbe und Salz einrühren und den Pudding in Schalen so weit abkühlen lassen, wie man mag. Wer keine Haut möchte, streut vor dem Abkühlen Zucker auf den Pudding.

Zarter wird der Pudding, wenn man am Ende 2 steif geschlagene Eiweiße unterhebt. Für Vanillepudding wie oben beschrieben 1 Vanilleschote in 400 ml Milch ziehen lassen. 3 EL Stärke mit 50 ml Milch und 50 g Zucker verrühren. Dann wie oben einen Pudding kochen und mit 2 Eigelben verrühren.

↓ *Auch Tütenpudding kann toll sein: Schokopudding-Soufflé mit dem Brandteig-Trick.*

SCHOKOPUDDING-SOUFFLÉ

Zutaten für 4 Portionen
1/8 l Milch • 3 EL Butter • 70 g Zartbitterschokolade • 1 Päckchen Vanillepuddingpulver (zum Kochen) • 4 Eier • Salz • 50 g Zucker • 2 EL Crème fraîche • Butter und Semmelbrösel für die Tassen

Zubereitungszeit: 30 Minuten
(+ **30 Minuten Backen**)

› Ofen auf 180 °C vorheizen (keine Umluft!). Gratinform mit Küchenkrepp auslegen, 3 cm hoch mit Wasser füllen, auf dem Gitterrost in den Ofen schieben (Mitte). Milch mit Butter aufkochen, die Schokolade darin schmelzen.

› Puddingpulver auf einmal hineinschütten, unter Rühren mit dem Löffel zur erst klumpigen, dann glatten Masse verrühren. Etwa 1 Minute weiterrühren, bis am Topfboden eine dünne Schicht entsteht – die Masse ist dann „abgebrannt“. In eine Schüssel geben.

› Eier trennen. Eiweiße mit 1 Prise Salz und dem Zucker fast steif schlagen. Crème fraîche und ein Eigelb nach dem anderen unter die Masse rühren. Den Eischnee unterziehen.

› Ofentaugliche Tassen buttern, mit Bröseln ausstreuen. Zu drei Vierteln mit der Masse füllen, in die Form im Ofen setzen, 15 Minuten backen. Hitze auf 200 °C erhöhen, erneut 15 Minuten backen. In den Tassen servieren.

Wie koch' ich ...

GRIESSBREI?

Wer glaubt, dass sie in Asien komische Sachen essen, der soll mal einem Japaner von Grießbrei erzählen. Kann auch komisch klingen.

Grob gemahlener Weizen gekocht mit Kuhmilch, bestreut mit einem Gemisch aus Rübenraffinat und gemahlener Baumrinde, umgossen mit verkochten Waldfrüchten – Grießbrei mit Zimtzucker und Himbeersirup kann auf Außereuropäer ziemlich exotisch wirken. Und doch habe ich oft erlebt, wie so jemand einen Löffel davon kostete und nicht mehr lassen konnte. Seitdem wundert mich wenig, auch weil es mir oft genauso geht. Für 4 Grießbreifreunde brauchen wir: 2 Eier und Salz, 1 l Milch und 100 g Grieß (gerne vom Hartweizen), mindestens 4 EL feinsten weißen (!) Zucker und 1 TL gemahlenen Zimt sowie gut 1/4 l Himbeersirup.

1. Als erstes werden die Eier getrennt. Dabei darauf achten, dass nichts vom Eigelb ins Eiweiß kommt, weil sich das sonst nicht steif schlagen lässt. Das machen wir jetzt mit 1 Prise Salz darin (das bringt Stand und hebt das Aroma) – entweder per Hand oder elektrisch. Details dazu stehen unter dem Stichwort Schlagsahne auf Seite 218. Den Eischnee kühl stellen.

2. Die Milch bei mittlerer Hitze aufkochen, vom Herd ziehen und den Grieß unter Rühren mit dem Schneebesen einrieseln lassen. Wieder auf den Herd damit und 5 Minuten unter Rühren bei kleiner Hitze kochen lassen. Nun die Eigelbe schnell einrühren. Eischnee noch mal kurz verschlagen und ein Drittel unter den Brei mengen, den Rest vorsichtig unterheben.

3. Den Grießbrei in Teller füllen und auf den Tisch stellen. Oder den Brei in kalt ausgespülte Töpfchen (wie hier im Bild zu sehen) füllen, kalt und fest werden lassen und auf Teller stürzen. Zucker und Zimt vermischen und wie auch den Sirup mit auf den Tisch stellen, sodass sich jeder davon nach Lust und Laune zum Brei nehmen kann.

GRIESSKOCH MIT HIMBEERWEIN

„Grießkoch" heißt der Grießbrei in Österreich, wobei so ein „Koch" auch ein süßer Auflauf sein kann. Dann machen wir doch gleich 'nen gebackenen Grießkoch. Eine süße Alternative zu Freitagsfisch oder Abendbrot.

Zutaten für 4 Portionen
Für den Himbeerwein: 1/4 l Himbeersirup • 1/2 l trockener Rotwein
Für den Grießkoch: 4 Eier • Salz • 4 EL Zucker • 1 l Milch • 100 g Grieß (Hartweizen) • 1/2 TL gemahlener Zimt • Butter und Brösel für die Formen

Zubereitungszeit: 30 Minuten (+ über Nacht Ruhen + 45 Minuten Backen)

› Für den Himbeerwein den Sirup und den Rotwein in einen Topf geben und langsam bei kleiner Hitze erwärmen, aber nicht aufkochen. Abkühlen lassen, am besten über Nacht, damit der Wein „reifen" kann.

› Für den Koch Eier trennen. Eiweiße mit 1 Prise Salz dickschaumig schlagen, dann nach und nach den Zucker einrieseln lassen und zu steifem Schnee schlagen. Kühlen.

› Den Backofen auf 150 °C (keine Umluft!) vorheizen. In der Mitte ein tiefes Backblech einschieben, 3 Lagen Küchenpapier darauf legen, 3 cm hoch mit Wasser füllen. Auflaufförmchen oder auch ofentaugliche Suppenschalen mit Butter einstreichen und mit den Bröseln ausstreuen.

› Die Milch aufkochen. Grieß unter Rühren einrieseln und 5 Minuten bei kleiner Hitze kochen lassen. Vom Herd ziehen und erst die Eigelbe, dann ein Drittel des Eischnees einrühren, den Rest behutsam unterheben.

› Die Masse in die Formen oder Schalen füllen, im Ofen ins Wasser auf dem Blech setzen. 30 Minuten backen, dann die Hitze auf 200 °C erhöhen und weitere 15 Minuten backen. Mit Himbeerwein servieren.

Wie mach' ich …

EINEN SCHMARRN?

Wer in Bayern oder Österreich „Schmarrn macht", der macht Unsinn. Einen Pfannkuchen zu backen, um ihn dann gleich zu zerreißen, das ist klar Unsinn – und zwar ein herrlicher. Kinder schätzen ihn sehr.

Früher war Schmarrn ein Arme-Bauern-Essen, bei dem Reste mit Mehl und Milch verbraten wurden. Die süße Variante adelte man in Wien mit Eiern, Zucker, Mandeln und Rosinen und nannte sie Kaiserschmarrn. Ich mag ihn in der bürgerlichen Version, nicht zu fluffig, dafür knusprig. Zwei Pfannen voll reichen für 4 Leute. Fürs Grundrezept kehren wir an den Anfang des Buches zum 1-2-3-Pfannkuchen (Seite 38) zurück. Wir brauchen: 1 Kaffeetasse (150 ml Inhalt) Eier, 1 Kaffeetasse Mehl, 1 Kaffeetasse zimmerwarme Milch, Salz, 8 EL Butter, 4 EL Mandelblättchen, 4 EL Sultaninen, 4 EL Zucker.

1. Für den Teig Eier mit Mehl glatt rühren und dann die Milch einrühren, so gibt es keine Klumpen. 1 Prise Salz dazu und den Teig rund 30 Minuten quellen lassen. Eier trennen, Eischnee schlagen? Wird mir zu fluffig.

2. Nun in der größten Pfanne, die beschichtet und schwer sein sollte, 1 EL Butter bei mittlerer Hitze zerlassen. Die Hälfte des Teigs hineingießen und 1–2 Minute backen, bis die Unterseite gebräunt ist. Nun den Pfannkuchen, der in Wien Palatschinken heißt, wenden: mit Schwung wie auf Seite 36/37 oder mit dem Pfannenheber, wobei der Kuchen zuvor geviertelt werden kann.

3. Jetzt 1 EL Butter darunter laufen lassen, je 2 EL Mandeln und Sultaninen drüberstreuen. Nach 1 Minute mit zwei Löffeln zum Schmarrn zerrupfen, Hitze auf volle Kraft stellen, 2 EL Butter zugeben und aufschäumen lassen. 2 EL Zucker drüberstreuen, Schmarren unter Wenden und Schwenken in 1–2 Minuten knusprig-karamellig braten. Den Rest ebenso zubereiten. Puderzucker als Krönung? Der würde doch nur die Kruste verweichlichen.

Buntes Finale im Zirkus „Kinderleicht“: Trommelwirbel für den großen Eierwerfer, gespannte Stille beim

Tanz auf dem Pfannenrand und volle Konzentration für die süßen Bodenakrobaten. Da capo!

Wie mach' ich ...

KAFFEE?

Was gibt's, wenn alles aufgegessen worden ist? Espresso! Oder „caffé", wie die Italiener sagen, die ihn sich zu Hause in der „caffetiera" kochen. Diese eckige Alukanne hat für echten Espresso zwar zu wenig Druck, für guten Kaffee reicht er aber immer.

1. Am besten klappt es, wenn die Kanne voll genutzt wird: Das Unterteil bis unters Ventil mit Wasser füllen. Das Sieb darüber einhängen und bis zum Rand locker (nicht pressen) mit nicht zu feinem Espressopulver bestücken. Darauf das Oberteil schrauben.

2. Ideal zum Kochen ist die kleine Gasflamme, die den Kannenboden punktgenau erhitzt. Die größere Herdplatte streut die Hitze weiter, weswegen man die Kanne zum Rand rückt. Bald steigt der Kaffee durch den „Schlot" nach oben, wobei sich Schaum bilden kann. Beginnt (!) die caffetiera zu fauchen und spucken, sofort den Kaffee in die vorgewärmten Tassen gießen.

TEE?

Die getrockneten Teeblätter gibt es in Grün (frisch getrocknet) und Schwarz (vergoren getrocknet) und Oolong (zwischen Grün und Schwarz).

1. Teeblätter brauchen Platz zum Entfalten. Davon haben sie reichlich in der eigenen Brühkanne und ausreichend im Filterbeutel aus Stoff oder Papier (der ist zum Wegwerfen). Da kommen je 200-ml-Tasse 1 TL Teeblätter hinein, dazu kommt ab 4 Tassen noch 1 TL für die Kanne.

2. Nun frisches kaltes Wasser aufkochen und schwarzen Tee aufbrühen. Zieht er bis zu 3 Minuten, wirkt er anregend, dann entspannend bei leicht bitterem Geschmack. Ab 5 Minuten ist er zu bitter. Zum Abgießen aus der Brühkanne durch ein Sieb in die Servierkanne laufen lassen. (Diese zuvor mit heißem Wasser ausspülen und so vorwärmen.) Oder einfach die Beutel aus der Kanne nehmen. So oder so: die Teeblätter gut ausdrücken. Grün- und Oolong-Tee mit 90 °C heißem Wasser (nach dem Kochen etwa 10 Minuten stehen lassen) nur 2–3 Minuten brühen.

SCHOKOLADE?

Tüte auf, gesüßtes Instant-Kakao-Pulver mit Milchpulver in die Tasse, heißes Wasser drauf – so wird immer noch in zu vielen Cafés Schokolade gekocht. Das können wir zu Hause viel besser machen, indem wir echtes Kakaopulver oder richtige Schokolade nehmen.

1. Echtes Kakaopulver enthält anders als Instant-Kakao weder Zucker noch weitere Zusätze, die das Auflösen in der Milch erleichtern. So wird für die 200-ml-Tasse 1 EL Kakaopulver mit 2 TL Zucker und 4 EL lauwarmer Milch glatt gerührt, bevor man die kalte oder heiße Milch damit in der Tasse aufrührt.

2. Für die Tasse heiße Schokolade wird 1/4 Tafel gute dunkle Schokolade auf der Küchenreibe fein gerieben und mit 1 TL Zucker und 4 EL heißem Wasser verrührt. Das wird mit heißer Milch gemixt. Darauf dann unbedingt noch einen Tupfen Milchschaum (rechts mehr dazu) oder Schlagsahne setzen. Oder man schlägt sich seine Milch (auch wie rechts) schaumig und mischt sie dann behutsam mit der Schokolade.

BABYCCINO?

Er ist die Erlösung für all die geplagten Cappuccino-Eltern, deren Kinder immer den Schaum von ihren Tassen klauen wollen, während sie dringend eine Kaffeepause vom Mutter- und Vatersein brauchen. Seinen Namen hat er im typisch australischen Strandcafé erhalten (bei uns wurde er schon als Kinder-Cappo gesehen), wo er immer gratis zu haben ist (was unsere Wirte schon auch mal anders sehen).

1. Was ist ein Babyccino? Eine Espresso-Tasse voller Milchschaum bestreut mit Kakaopulver. Den Schaum kann ich mit der Dampfdüse, dem Milchschäumer oder – man ahnt es bereits – mit dem Schneebesen per Hand schlagen.

2. Dazu mache ich im kleinen Stieltopf Vollmilch (bloß nicht H- oder Mager-Milch) fast kochend heiß. Vom Herd damit und 1 Minute abkühlen lassen. Nun im schräg gehaltenen Topf wild mit dem kleinen Schneebesen schlagen oder ihn zwischen den Händen drehen und quirlen, bis sahniger Schaum im Topf steht. Den ohne Milch in Tassen schöpfen und mit etwas Kakao bestreuen. Zimt kommt auch gut, und ganz toll sehen bunte Liebesperlen darauf aus.

Wie komm' ich …

ZUM KOCHEN?

Jeder kann kochen? Ach, ich weiß nicht, muss das wirklich so sein? Es kann doch auch nicht jeder Auto fahren. Manche sind dann auch so klug, das zu lassen. Wenn nun jemand nicht gerne kocht und es daher lässt, dann finde ich das verzeihlich bis sympathisch. Wenn aber einer nicht gerne isst – das ist verdächtig.

Bei uns zu Hause kam da keiner in Frage. Mein Vater hatte aus einem alten Hotel bei Frankfurt ein Sanatorium gemacht, in dessen Keller ein riesiger Herd mit einem Kontor nebendran stand. Hier saßen wir immer zum Mittagessen und besprachen den Tag. Ich mochte diese Stunde sehr. Später hatten wir ein Lokal im Burgenland mit einem großen Grill in der Mitte, auf dem Vater die Steaks briet, während Mutter sich um Gulasch und Strudel kümmerte. Seitdem bin ich Mehlspeisen verfallen. Die Schwester in Arles und die Tante bei Mailand impften mich mit dem Faible für Südfranzösisches (Aioli!) und Norditalienisches (Risotto!). Ich konnte gar nicht anders, als gerne essen.

Und doch wurde ich eher aus Verlegenheit Koch. Studieren war mir zu langweilig, lieber stellte ich mich in die Küche einer Privatklinik und lernte jeden Tag ein anderes Gericht kennen. Mein Chef war ein guter Lehrer, der sich Zeit für uns nahm. So glaube ich bis heute, dass man beim Kochen in Ruhe am schnellsten zum Ziel kommt. Dann ging es in den Restaurantküchen erst mal „à la minute" zur Sache. Wilde, tolle Jahre, in denen ich mein Handwerk und das Improvisieren trainierte. Für echt Kreatives blieb kaum Zeit. Eigentlich blieb für gar nichts mehr Zeit.

Nach sieben Jahren begann ich zu schreiben. Erst bei der Zeitung, dann bei einem Münchner Kochbuchverlag, schließlich als freier Autor, Rezepterfinder und Restaurantkritiker. Bis die Idee kam, mit Frau und Sohn nach Australien zu gehen. Und bis Sabine Sälzer von GU fragte, ob wir nicht mal ein Grundkochbuch für junge Menschen erfinden sollten.

Ein Jahr später, Mai 1999: Basic Cooking entwickelt sich zum Bestseller, unser Jüngster kommt in Sydney zur Welt, aus meiner Küche sind Butter und Sahne verschwunden, mein Herd ist nun ein Barbecue-Grill mit Kürbisspalten und Tunfisch in Miso-Sauce drauf. Um uns lauter Leute, die befeuert vom guten Kochen und Essen sind. Aber wir vermissen auch etwas – die Familie, gutes Brot, unsere Sprache, ein gescheites Wirtshaus.

Seit 2001 sind wir wieder zurück, ich habe meine Kochwerkstatt in München und die Wirtshäuser sind immer noch gut. Neu ist, dass Kochen hier so ein Thema ist, täglich gibt es 1000 Antworten auf „Was koche ich heute?". Sitze ich aber mit Leuten am Tisch, kommen andere Fragen: Wie macht man einen guten Salat? Kann ich Mascarpone wirklich steif schlagen? Beim Reden darüber haben wir drei Dinge bemerkt. Erstens: Gerade bei Standards gibt es viele Fragen, die kaum ein Kochbuch beantwortet. Und vieles, was ich beim Kochen nebenbei mache, ist für andere oft schon die Antwort. Zweitens: Kann ich die Standards, kann ich eigentlich alles. Und drittens: Das müsste man mal aufschreiben.

Daraus ist (wieder mit Sabine) dieses Notizbuch, Handbuch, Zauberbuch geworden. Aber: Ein Zauberer gibt seine Tricks nur an Zauberer weiter. Fangen Sie also gleich an mit dem Kochen. Dabei zählt bloß, dass Sie gerne gut essen. So jemand will irgendwann auch gut kochen – Sie haben's ja eben gelesen. Und wie sagt die englische TV-Köchin Nigella Lawson? „Was ich kann, können Sie auch."

Küchen, Köchinnen und Köche, die ich mag:

- die österreichisch-ungarische Küche von Mutter, Sacher und Witzigmann
- die südfranzösisch-norditalienische mit Cornelia, Erika und Escoffier
- die australisch-asiatische bei Tetsuya's, im Bar King Frog und auf dem Barbecue
- die englische Showküche mit Jamie Oliver, Nigella Lawson und The Two Fat Ladies

REGISTER VON A–Z

Sebastian Dickhaut ist Koch, Buchautor und Journalist mit eigener Werkstatt in München. Er hat ein Herz für Grundsätzliches („Basic cooking", „KOCHEN! Das Gelbe von GU"), Spezielles (die Küchen Japans und Australiens) und das Spezielle im Grundsätzlichen (Mehlspeisen, Mittagessen). Noch mehr erfahren Sie unter www.rettet-das-mittagessen.de jeden Mittag und auf Seite 232.

Coco Lang, Fotografin, lebt in München und kocht sehr gerne in ihrer Hinterhof-Werkstatt am Viktualienmarkt. Unter www.cocolang.de findet sich ein guter Überblick über ihre Arbeiten. Dank an Frau Goldhofer von Smeg für den schönen Kühlschrank und an Le Creuset für die tollen Töpfe und Pfannen.

Ein Dank auch an: Daniel Petri, Charlotte Huber, Phil und Louis Dickhaut, Suzanne Bergfelder sowie an Kaffee- und Weinhandlung Grenzgänger, Wagner's Obst & Gemüse, Keramikwerkstatt 1260 grad, Le bazar de cuisine, Loretta Bar und Gewürzwerk (alle in München), Mixology (Berlin).

Bildnachweis für die Seiten 22/23 und 240: Andrea Huber.

GRÄFE UND UNZER

Ein Unternehmen der
GANSKE VERLAGSGRUPPE

Doris Birk:
Programmleitung

Birgit Rademacker:
Leitende Redakteurin

Sabine Sälzer:
Projektleitung, Redaktion

Redaktionsbüro Christina Kempe, München:
Lektorat, Satz/DTP; Gestaltung

Coco Lang:
Fotografie

Daniel Petri:
Foodstyling

Independent Medien Design, München:
Layout, Typografie und Umschlaggestaltung

Markus Plötz:
Herstellung

Petra Bachmann:
Schlusskorrektur

Penta Repro, München:
Repro

Appl, Wemding:
Druck und Bindung

Das Original mit Garantie

Ihre Meinung ist uns wichtig. Deshalb möchten wir Ihre Kritik, gerne aber auch Ihr Lob erfahren. Um als führender Ratgeberverlag für Sie noch besser zu werden. Darum: Schreiben Sie uns! Wir freuen uns auf Ihre Post und wünschen Ihnen viel Spaß mit Ihrem GU-Ratgeber.

Unsere Garantie: Sollte ein GU-Ratgeber einmal einen Fehler enthalten, schicken Sie uns das Buch mit einem kleinen Hinweis und der Quittung innerhalb von sechs Monaten nach dem Kauf zurück. Wir tauschen Ihnen den GU-Ratgeber gegen einen anderen zum gleichen oder ähnlichen Thema um.

GRÄFE UND UNZER VERLAG
Redaktion
Kochen & Verwöhnen
Postfach 86 03 25
81630 München
Fax: 089/41981-113
e-mail: leserservice@graefe-und-unzer.de

ISBN (10) 3-8338-0156-5
ISBN (13) 978-3-8338-0156-3

2. Auflage 2007